KB109501

F.I.T Book: 펜 메모 덕후의
아날로그 집중력 도구

F.I.T Book: 펜 메모 덕후의 아날로그 집중력 도구

발행일   2020년 1월 30일

지은이   황다니엘
펴낸이   차석호
펴낸곳   드림공작소
출판등록   2019-000005 호
주소   부산광역시 남구 수영로 298, 산암빌딩 10층 1001호 드림공작소
전화번호   010-3227-9773
이메일   veron48@hanmail.net

편집/디자인 (주)북랩
제작처   (주)북랩 www.book.co.kr

ISBN   979-11-967664-6-7 13320 (종이책)   979-11-967664-7-4 15320 (전자책)

이 도서의 국립중앙도서관 출판예정도서목록(CIP)은 서지정보유통지원시스템 홈페이지(http://seoji.nl.go.kr)와
국가자료공동목록시스템(http://www.nl.go.kr/kolisnet)에서 이용하실 수 있습니다.
(CIP제어번호: CIP2020003599)

더 나은 디지털 라이프를 위한 아날로그 처방: **F.I.T Method**

펜 메모 덕후의

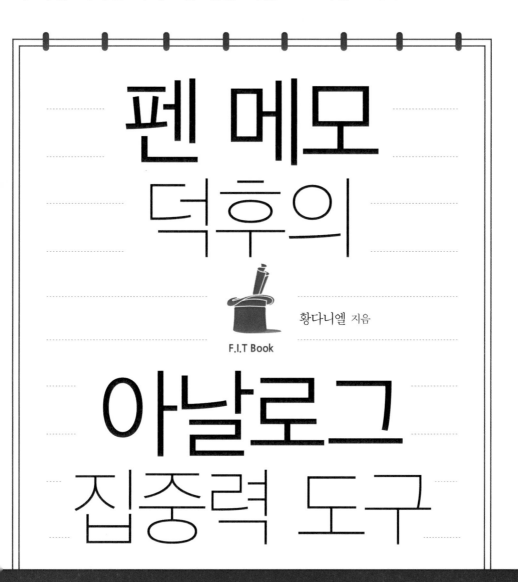

황다니엘 지음

F.I.T Book

아날로그 집중력 도구

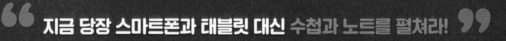

66 **지금 당장 스마트폰과 태블릿 대신 수첩과 노트를 펼쳐라!** 99

끊임없는 뜀박질만 부추기는 급변하는 디지털 시대,
느릿한 걸음으로 방향 표지판을 볼 시간이 필요하다!
내가 집중해야 할 삶의 방향을 스크린이 아닌 종이에 펜으로 새겨 넣어라!

프롤로그

○

'시스템 다이어리'라고 들어보셨는지 모르겠습니다.

요즘엔 '플래너'라는 명칭으로 제품들이 더 많이 나오는 것 같습니다. 2000년대 초, 스무 살이 갓 되어 '삶을 허비하며 살고 싶지 않다.'라는 생각이 든 뒤 제가 가장 처음 가진 습관은 시스템 다이어리를 사용하는 것이었습니다. 저에게 소중한 가치들이 생겨나기 시작했고 저는 그것을 종이에 프린트하여 코팅까지 하는 정성을 들였습니다. 디지털 스마트 워커의 관점으로 본다면 상당한 낭비같아 보입니다. 지금은 그저 앱(application, 애플리케이션)에다 타이핑 몇 번만 하면 되니까요. 굳이 글이란 걸 쓰는데 코팅에다가 펀치로 뚫어서 지갑형 시스템 다이어리에 넣어서 다니는 수고까지 하다니요. 아, 지금은 시스템 다이어리가 대부분 지갑보다는 큰 사이즈로 나오는데, 당시에는 지갑처럼 작은 시스템 다이어리도 있었습니다. 제 다이어리는 미니 사이즈의 바인더링이 부착된 아담한 크기의 다이어리였고 지폐를 수납할 수 있었습니다. 하지만 상당히 두꺼워서 바지에 넣고 다니면 '바툭튀(바지 주머니 툭 튀어나옴)'였죠. 아이폰 '카툭튀(카메라 렌즈 툭 튀어나옴)'는 비교도 하지 마세요. 이렇게까지 해서 그런 것일까요? 코팅된 금언 중에는 지금도 기억나는 것이 있습니다.

20대 후반쯤 되었을까요. 스티브 잡스가 아이폰으로 혁신을 단행하고 스마트폰에는 수많은 할 일 관리 앱, 달력 앱 및 디지털 메모 도구들이 쏟아져 나왔습니다. 앱들의 유연성과 놀라운 알림 기능 그리고 휴대성에 반해버린 저는 '바툭튀' 아날로그 시스템 다이어리를 통째로 디지털화해버렸습니다. '하드코어 디지털 스마트 워커'로의 첫걸음이었죠. 스마트폰의 효율에 걸맞은 만족스러운 결과물들을 얻었다고 생각합니다. 이후로 10년 가까이 저의 디지털 메모 앱에는 10,000개가 넘는 메모가 쌓였습니다. 시스템 다이어리의 달력 등 일정 관리 도구들은 Wunderlist, google tasks/calender, things 등 다양한 일정 관리와 할 일 관리 앱으로 옮겨버렸습니다. 소위 말하는 '개인 생산성' 관리 도구들과 이에 관한 책들을 찾고 읽는 재미는 저의 즐거운 취미생활(?) 중의 하나가 되어버렸고 새롭고 효율이 높으며 디자인이 뛰어난 앱으로 '갈아타는' 행위는 즐거운 '이사'와도 같은 경험이 되었습니다. 누가 옆에서 봤다면 그렇게 애써서 기록해 놓은, 100건이 훌쩍 넘는 할 일 리스트를 '쓸데없이' 다른 앱에다 복사 및 붙여 옮겨 넣기를 하는 저를 보고서는 한마디라도 했을 것 같습니다. 하지만 저 스스로는 '이왕 이러는 김에 다시 한번 할 일 점검하는 거지 뭐…'라고 되뇌었죠. 새로운 앱에서 잘 작동하는 시스템을 보면 흐뭇해졌습니다. 하지만 이내 식상해지면 '또 다른 앱이 없을까?' 하고 앱스토어를 두리번거렸으며 해외 개인 생산성 관련 웹사이트들을 들락날락했죠. 이런 소프트웨어 '이사'와 더불어 하드웨어 이사도 자주 했습니다. 새로운 전자기기가 나오는 날만 손꼽아 기다리기도 했고 지금도 그런 편입니다.

직장에서 저는 페이퍼리스(Paperless) 광신자였습니다. 심지어 개인 스캐너도 직장에 들고 와서 모든 문서를 스캔하고 원본은 파기하고 (그래도 되는 경우만요) 검색 가능하게 만들었습니다. 마음에 드는 책은 칼로 잘라서(?) 스캔한 다음에 태블릿에 넣고 다니며 읽었습니다. 행복한 시간이었죠. 그런데 시간이 갈수록 한 가지 마음에 걸리는 것이 있었습니다.

제게 소중했던 그 몇몇 가치에 대한 기억들은 점점 더 흐릿해져 가고 있었습니다.

그래서 오랜만에 디지털 메모 속으로 옮겨놓은 그 리스트들을 폴더들을 헤쳐나가며, 겨우 찾아서 읽었습니다. '봐, 원하면 언제든지 찾을 수 있다고. 디지털 도구의 효율성을 의심하지 마.'라는 엄중한 경고가 제 머릿속 어딘가에서 울렸습니다. 그리고 디지털화해 놓으면 일단 가독성이 좋습니다. 저의 삐뚤삐뚤한 악필 때문에 읽기 힘들 필요가 없이 아주 깔끔합니다. 다른 사람이 쓴 뉴스처럼, 또는 제가 조금 전에 작성한 글처럼, 사람들의 개별적인 특성이나 시간의 흐름이 전혀 느껴지지 않는, 그 밝고 쨍쨍한 스크린 위에 글자들이 빛으로 펼쳐졌습니다. '내가 이걸 언제 적었더라?', '어… 내가 적은 게 맞나?' 왜 이런 기분이 들었을까요. 글의 내용은 잘 보았고 예전 그대로였습니다. 지금 바뀐 상황에 맞추어 또 좋은 가치들을 다시금 적어 보자는 결심을 했고 동일한 메모 속에 좀 더 글들을 적었습니다. 그리곤 또 몇 개월 동안 그 폴더 속의 메모는 제 머릿속에서 잊혀졌습니다.

무엇이 문제일까? 문제가 있긴 한 걸까?

스마트폰은 확실히 뛰어난 효율과 휴대성을 가지고 있습니다. 그래서 일정이나 할 일 관리 앱은 포기하지 못했지만, 저의 중요한 몇 가지 목표, 가치, 다짐들만큼은 다시 이전처럼 종이로 써야겠다는 필요성을 느꼈습니다. 그리고 왜 그렇게 느꼈을까 고민하며 관련 책을 찾기 시작했습니다. 스마트폰의 과도한 사용, 스마트폰 중독 등은 이런 고민 이전에도 직장에서 워크숍 강의 등을 통해 익히 들어왔던 문제였습니다. 하지만 이는 여전히 진행 중인 이슈였습니다. 당장 서점에서 여전히 관련 문제를 지적하는 새로운 책들을 볼 수 있었으며 국내외 뉴스에서도 관련 이슈 및 이와 관련된 '도파민 금식' 등 새로운 개념들을 논의하고 있다는 것을 발견했습니다. 게다가 인공지능이 조만간 여러 가지 인간 직무를 대신할 수 있게 되기 때문에 인간만의 장점을 활용한 직업 진로를 고민해야 한다는 강의나 도서들에 대한 소식은 더 빈번하게 접할 수 있었습니다. 많은 생산성 앱을 찾아서 헤매던 저에게는 이런 주제는 즐거운 탐험 거리가 되었고 이에 관한 생각이 들 때마다 또 기록하기 시작했습니다. 오래된 습관이죠.

제가 찾아 읽은 책들은 모두 흥미로웠고 대처 방법도 구체적이었지만, 이를 해결하는 도구를 활용하는 접근은 드물었습니다. 스마트폰은 휴대용 도구이기 때문에 이에 맞설 수 있는 휴대용 도구가 필요하다는 생각이 들었습니다. 기존 제품 중에서는 전화 통화 외에 2가지 기능밖에 없는 전자 잉크 휴대폰, 종이 휴대폰 등 몇 가지 제품을 발견했습니다. 하지만 스마트폰의 능력을 충분히 활용하면서도 그 부작용을 최소화하는 제품으로는 충분하지 않다고 느꼈습니다. 이에 저는 이 책에서 저의 도구와 이를 활용하는 방법론을 여러분께 제안하려고 합니다.

1~4장은 문제점에 대한 장이며 5~6장은 그 해결에 관한 것입니다. 이미 스마트폰 중독이나 정보 과부하라는 주제에 익숙하시다면 건너뛰고 바로 도구와 방법론에 관한 5장부터 읽으셔도 됩니다. 하지만 이렇게 하실 경우 1장의 F.I.T 개념 정리는 읽어보시는 것이 이해에 도움이 되실 것입니다.

이 책이 수많은 디지털 정보의 홍수와 중독의 유혹을 헤쳐나가며 인공지능 시대를 살아가는 데 조금의 도움이라도 되길 희망하며.

인스피레 대표
황다니엘 드림

목차

프롤로그 4

01
☑ 디지털 인류가
　 발 디딜 땅

□ 인류와 환경의 디지털 전환(Digital Transformation) 17

□ 네트워크에 연결된 정신 21

□ 가속도에 브레이크 걸기(Purposeful Analog break) 24

□ 발 디딜 땅, 아날로그 도구 31

□ 삶의 중요한 몇 가지? 35

□ 기록의 힘 37

□ 일기 쓰기의 동기, 삶의 변화 40

□ 공황 장애 극복 41

□ 미래를 위해서 현재를 기록하고 과거를 기억하라! 43

02

☑ 디지털 인류의
휴대 생태계

- 21세기의 가장 중요한 환경, 스마트폰 49
- 욕망 증폭 도구, 스마트폰 51
- 뷔페에 매일 갈 수 있다면 53

03

☑ 스마트폰과
중독

- 4차 산업 시대의 가장 강력한 작은 습관 61
- 습관과 중독 65
- 중독의 시대 67
- 자기 착취로서의 중독 73
- 건강한 중독? 85
- 변검술사 스마트폰 87

04

☑ 종이 메모의
  반격

□ 종이 메모 다시 보기 95

□ 디지털 트랜드로서의 종이 98

□ 물리적 존재감 104

□ 물리적 상기 능력 106

□ 구독의 시대 107

□ 진짜의 힘 110

□ 새로운 휴대품 113

□ 메모웨어의 탄생 121

05

☑ F.I.T 방법론
  실천편

□ 삶의 중요한 몇 가지 찾아내기(Rooting 'F.I.T' out) 134

□ 삶의 중요한 몇 가지 기록하기(Recording 'F.I.T') 146

□ 삶의 중요한 몇 가지 다시 읽기(Re-reading 'F.I.T') 149

□ 삶의 중요한 몇 가지 다시 쓰기(Re-writing 'F.I.T') 154

06
☑ 인스피레(Inspira.E)의
메모웨어 세트

□ 핏노트와 핏노트 미니(F.I.T Note&F.I.T Note mini) 163

□ 핏 저널(F.I.T Journal) 167

□ 메모웨어 핏 팬츠(Memo-wear: F.I.T Pants) 175

에필로그-다가올 미래 183

부록-핏 저널(F.I.T Journal) 189

참고 문헌(가나다 순) 198

01

디지털 인류가 발 디딜 땅

"굉장한 혜택과 엄청난 대가가 한 가지 도구에 같이 들어 있다. 전자를 최대한 지향하고 후자를 최대한 지양한다면 디지털 세상에서의 삶은 한계가 없을 것이다. 스크린은 자유, 성장, 최상의 친밀함을 가능하게 하는 도구이며 반드시 그래야 한다. 문제는 그 방법이다."

－『속도에서 깊이로』, 윌리엄 파워스

○

디지털 세상이 유동적인 물과 같다면, 현실 세계는 고정적인 땅과 같습니다. 지금 디지털 인류는 디지털 세계라는 바다에서 마음껏 그 혜택을 누리는 중입니다. 하지만 주위에서 함께 헤엄치던 이들이 한 명씩 뭍으로 다시 올라가는 모습이 조금씩 보이기 시작합니다. 여전히 함께 바닷속에 있지만, 얼굴색이 새파래지며 좋지 않아 보이는 이들도 더 보이기 시작합니다.

땅으로 좀 더 자주 올라가야겠다고 느낍니다.

그럴 때면 스마트폰을 잠깐 끄고 견고하고 느린 현실 세계로 다시 나와서 정신을 다잡을 필요가 있습니다. 24시간 연결된 디지털 세계는 우리의 정신을 정보의 파도로 계속해서 흔들기 때문입니다. 비트(bit)의 바다는 그 속에서 수많은 유용한 것을 건져 올릴 수 있지만, 동시에 수많은 불필요한 정보와 지나친 엔터테인먼트들도 함께 우리 삶 속에 쏟아집니다. 이 '엄청난 대가'를 점점 더 줄여 가는 방법을 만들어야 합니다. 그리고 이를 배워야 합니다. 여러 가지 방법들이 있겠지만, 저도 한 가지를 보태려 합니다. 그리고 이 방법은 견고한 '땅의 도구'를 활용할 것입니다.

□ 인류와 환경의 디지털 전환(Digital Transformation)

21세기 인류와 환경은 빠르게 디지털화되고 있습니다. 게임, 쇼핑, 업무, 관계 맺기, 대화 등 일상적인 활동들이 원자(Atom)가 아닌 비트(Bit)로 된 환경에서 점점 더 많이 일어나고 있습니다. 시공간의 제약을 받지 않는 비트는 여러모로 쓸모가 많아 보입니다. 이를 통해 우리는 해외 영상통화, SNS, 3차원 지도와 내비게이션, 자율주행 자동차 등 인류 삶의 형태를 바꾸는 '혁신'들을 경험하고 있습니다.

그중에서도 스마트폰은 이 시대를 도래하게 하는 첨병으로 가장 선두에 서 있습니다. 스마트폰의 카메라와 타이핑 기능은 우리 자신과 우리를 둘러싼 환경 모두를 디지털화하는 역사상 가장 강력한 기능입니다. 스마트폰 이전에는 컴퓨터가 그런 역할을 하기는 했지만, 스마트폰만큼은 아니었습니다. 사진 또는 동영상을 찍는 즉시 페이스북이나 인스타그램에 포스팅하고 글을 써서 올리는 것은 손쉽고 즐겁습니다. 그리고 그렇게 하는 순간 우리의 삶의 한 면은 디지털화됩니다. 그리고 전 세계적으로 이렇게 하는 사람들이 꽤 많습니다.

이런 인류를 디지털 인류라고 부를 수 있겠습니다. 이 새로운 인류의 생존은 스마트폰의 배터리에, 이들의 번영은 스마트폰의 네트워크 연결에 의존합니다. 이로써 디지털 인류는 생존과 번영을 위해 배터리와 네트워크 기술을 언제나 개발하고 유지해야 할 사명을 지니게 되었습니다. 그리고 소비자 인류는 이를 구매해야 할 의무를 지게 되었습니다.

이 도구는 '굉장한 혜택'과 '굉장한 대가'를 둘 다 가지고 있습니다. 쉽게 말해 '잘' 쓰면 삶의 질을 높일 것이나, '잘못' 쓰면 그 반대를 경험하게 됩니다. '굉장한 대가'에 대해서는 『멈추지 못하는 사람들』의 저자인 애덤 알터의 주장을 들어보겠습니다.

> "… 닉 빌턴 기자(2010년 스티브 잡스와 인터뷰한 『뉴욕타임스』의 기자)가 만난 테크놀로지 전문가들은 인류 역사상 그 어느 때보다 디지털 시대의 환경과 여건, 체험이 중독에 훨씬 취약하다는 사실을 발견했다. 1960년대에는 중독될 만한 대상이 몇 가지뿐이었다. 담배, 알코올 그리고 비싸고 구하기 어려운 마약이 전부였다. 2010년대에는 중독 대상이 도처에 널려 있다. 페이스북, 인스타그램, 포르노, 이메일, 온라인 쇼핑 등 한도, 끝도 없다. 인류 역사상 그 어느 때보다 중독 대상 목록이 길어지고 있으며, 이것들이 어떤 위력을 지녔는지는 이제 겨우 파악하기 시작했을 따름이다."
>
> -『멈추지 못하는 사람들』, 애덤 알터

스마트폰은 중립적인 기술의 산물일지 모르겠지만 이를 이용하는 인류는 중립적이지 않습니다. 개발자 중 몇몇은 이러한 인간 특질을 간파하고 중독성 있는 콘텐츠를 자극적으로 제작하기도 합니다.

'굉장한 혜택'의 측면에서 본다면 우리가 항상 휴대하는 물품 중에는 이만한 도구가 없습니다. 온라인 쇼핑몰은 가격 비교 및 구입을 위한 이동 시간과 번거로움을 모두 제거해 줍니다. 외국에 있는 지인과의 대화도 예전보다 훨씬 더 저렴하게 할 수 있습니다. 은행 업무, 지식 검색 등 그 혜택은 많고도 강력합니다.

하지만 문제는 놀랍게도 '무언가를 하지 못하기' 때문에 생긴 것이 아니라 '모든 것을 너무 많이 할 수 있게' 되면서 일어나기 시작했습니다. 언제든, 어디서든, 얼마든지 이런 행동을 편하고 빠르게 할 수 있도록 도와주는 극단적인 효율성이 오히려 중독 상태로 진입하는 것도 효율적으로 도울 수 있다는 것입니다. 절제의 가치는 이 시대에 더욱 몸값을 올릴 것입니다.

절제란 확고한 목적의식에서 흘러나오는 가치입니다. 쉽게 생각해서 올림픽을 위해 준비하는 운동선수들을 생각해 보시면 되겠습니다. 균형 있는 식단을 섭취하고 체계화된 운동 스케줄에 따라 절제하지 않는 선수는 우승을 거머쥘 수 없습니다. 이들은 승리라는 한 가지 목적을 위한 소수의 중요한 몇 가지 훈련들을 중심으로 삶을 재편합니다. 목적 달성에 대한 열망은 절제의 엔진을 태우는 연료입니다. 절제는 참는 것만으로는 달성하기 힘듭니다. 절제는 더 높은 목표의 성취와 그 즐거움을 바라보는 것을 통해 현재의 유혹을 참아내는 힘을 공급받아야 성공적입니다.

특히 스마트폰은 디지털화를 통해 인간에게 더 큰 능력을 부여해 줍니다. 더 많은 것을 하게 해 줍니다. 그러나 능력이 많아지면 하고 싶은 것도 더 많아지기 마련입니다. 하고 싶은 것이 많아지면 산만해지고 성과는 떨어집니다. 일반인과는 다른 차원의, 독특하고 놀라운 능력을 얻게 된 스파이더맨의 삼촌이 해주었던 유언을 마블 영화의 팬이라면 기억할 것입니다.

"With great power comes great responsibility."

(더 큰 힘에는 더 큰 책임이 따른다)

스마트폰으로 '더 큰 힘'을 받은 우리는 절제라는 '더 큰 책임'을 지게 되었습니다. 스마트폰을 잘 사용하면 하고 싶을수록 우리는 이를 통제할 수 있는 능력을 함께 길러야 합니다.

더 큰 절제력이 더 필요한 시대가 도래했습니다. 그리고 절제력을 위해 우리 삶의 중요한 몇 가지 목표, 목적을 고려하는 '여백의 시간'이 수시로 필요합니다. 네트워크의 바다에서 쉼 없이 헤엄치는 우리의 정신을 건져내서 잠깐 쉴 시간과 헤엄칠 방향을 재설정하는 시간이 필요합니다.

□ 네트워크에 연결된 정신

스마트폰은 전형적인 멀티태스킹 도구입니다. 우리는 스마트폰으로 대화를 하다가 갑자기 전화를 받을 수도 있고 SNS를 하다가 게임을 할 수도 있습니다. 독서를 하다가 택배 배송 알림을 작은 메시지 창에서 힐끗 확인할 수 있고, 만약 그 제품이 내가 기다리던 제품이라면 살짝 터치하면 배송 상태 확인 화면으로 바뀝니다. 정말 편리합니다. 마치 전투 지휘소의 지휘자 자리에 앉아서 편안하게 모든 상황에 대한 보고를 받는 것 같습니다. 하지만 안타깝게도 이런 놀라운 기능들이 언제나 긍정적인 방향으로 작용하는 것은 아닙니다. 『딥 워크』, 『디지털 미니멀리즘』의 저자인 칼 뉴포트는 다음과 같이 상황을 묘사합니다.

> "디지털 시대와 삶을 주제로 한 대화에서 내가 가장 많이 들은 단어는 '피로'였다. 따로 놓고 봤을 때 어떤 하나의 앱이나 사이트가 특히 나쁜 것은 아니었다. 핵심은 너무나 많은 잡동사니가 줄기차게 주의를 끌어당기고 기분을 조종한다는 것이다."
>
> - 『디지털 미니멀리즘』, 칼 뉴포트

멀티태스킹으로 하는 활동 중에는 당연히 '잡동사니'가 아닌 것들도 있습니다. 하지만 쓸데없이 자극적인 뉴스 제목 찾아서 읽기, SNS를 습관적으로 스크롤링하거나 당겨서 새로고침하기, 쇼핑몰 돌아다니기 등 '잡동사니' 활동들이 주의력을 잡아채 가는 것도 사실입니다. 잡동사니든, 아니든 스마트폰의 여러 활동에 우리의 주의가 끌려가는 상황을 제가 그림으로 한번 표현해 봤습니다.

여러 일을 추적하는 우리의 주의력이 이리저리 흐트러진 상태로 원을 그리고 있습니다. 분산되고 있는 원들의 궤도를 바로잡을 만한 힘이 모자랍니다. 깔끔한 동그라미의 형태, 즉 '집중한 삶'이 나타나지 않습니다.

메시지 앱을 먼저 생각해 보겠습니다. 수많은 이와 대화방을 만들어서 대화할 수 있는 메시지 앱은 매우 효율적입니다. 하지만 통제하지 않는다면 계속해서 우리의 주의를 뺏어갈 수도 있습니다. 메시지 앱은 심지어 일하는 컴퓨터에서도 연동하여 작동합니다. 그야말로 어디서든 메시지를 주고받을 수 있는 시대입니다. 의식하지 못하는 사이에 새로운 메시지가 없는지 확인하거나 누군가에게 그냥 메시지를 보내야겠다는 충동을 느끼기도 합니다. 눈을 떠서 다시 눈을 감고 잠들 때까지, 그야말로 우리의 정신은 텍스트 대화의 홍수 속에서 살고 있다고 해도 과언이 아닙니다. 소통은 좋은 것입니다. 하지만 지나치게 많은 소통은 위 그림에서 보듯이 집중력의 원을 흩트릴 것입니다.

게다가 스마트폰에는 메시지 앱 하나만 있는 것이 아닙니다.

SNS를 하신다면 게시물을 포스팅한 뒤 다른 사람들의 반응이 어떨까 조마조마하며 댓글이나 '좋아요' 개수를 수시로 확인하는 경험을 하신 적이 있으실 겁니다. 이 또한 '계속 신경 쓰는' 상태 중의 하나입니다. 새로 출시할 기대작 게임에 대한 관심, 어제 보던 즐거운 유튜브 영상을 다시 보고 싶다는 충동 등이 '집중력의 원'을 흩트리는 데 가세합니다. 우리의 주의력이 여러 갈래로 쪼개지는 것 같습니다. 그런데 이런 일이 일주일 중에서 며칠 동안만 일어나는 일이 아니라 매시간 일어나고 있다는 점이 무섭습니다. 이렇게 몇 년이 더 지나면, 아니, 10년이 더 지나면 디지털 인류는 어떤 모습일까요? 흩트러진 궤도로 회전하는 분산된 주의력은 매일매일 끊임없이, 조금씩 더 빠르게 회전하고 있습니다.

□ 가속도에 브레이크 걸기(Purposeful Analog break)

스마트폰을 활용하면 우리는 여러 가지를 즉각적으로 얻을 수 있습니다. 욕구의 즉각적인 충족은 아주 달콤한 보상입니다. 심리학의 정신역동관점이 '원초아'라고 부르는 인간 본능은 즉각적인 욕구 충족을 항상 추구하기 때문입니다. 이 점에서 스마트폰은 매우 매력적입니다.

가족, 연인과 대화하기 위해서 굳이 기다려야 할 필요가 없습니다. 물건을 사기 위해 대중교통이나 차를 타고 이동해야 할 필요가 없습니다. 영상을 보기 위해 비디오 대여점에 갈 필요도 없습니다. 모든 것은 내 손안에서 즉각적으로 이루어집니다. 이렇게 디지털 세계는 여러분의 욕구를 온종일 즉각 충족시켜 줄 수 있는 상태로 항상 대기하고 있습니다. 그리고 개발자들은 이용자들의 의견을 디지털 세계를 통해 빠르게 수렴하고 이를 반영하여, 그리고 창의성을 발휘하여 신속하게 자신들의 서비스를 갱신하고 있습니다. 이는 건전한 서비스와 해로운 서비스 둘 다에 해당합니다. 즉, 좋든, 나쁘든 더 빠르게 향상된다는 말입니다. 서비스 이용자 측에서는 좋은 쪽이든, 나쁜 쪽이든 그 욕망도 더불어 가속됩니다. 그러면 디지털 세계는 이에 '즉각' 응답합니다. 그렇지 않은 서비스는 '즉각' 도태될 것이기 때문입니다.

욕망이 가속하다가 과속하면 과몰입, 중독으로 나아갑니다. 심지어 산만한 상태 자체에 대해서도 중독될 수 있는데 불편한 감정을 일으키는 스트레스, 힘든 기억들에서 벗어나게 해 주기 때문입니다. 주의 산만과 중독의 위험을 피하고 우리 시대 혁신의 이점을 취하기 위해서는 어떻게 해야 할까요?

이를 위해 저는 이 가속의 원을 잠깐씩 끊어내는 것(break)이 필요하며 그 공백의 시간에 흩어진 주의력들을 한 곳으로 모으는 것이 필요하다고 생각했습니다. 이를 그림으로 다시 표현해 보면 다음과 같습니다.

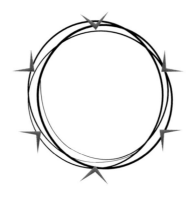

 '잠시 멈춤', 즉 붉은 화살촉이 헝클어져 가속하는 원의 곳곳을
침투합니다. 이 활동을 반복하다 보면 다음의 그림과 같이 변하겠
습니다.

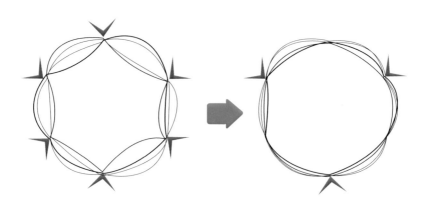

 잠시 멈춤의 화살촉들이 있는 곳에서부터는 헝클어졌던 주의력

의 원들이 머리를 묶듯이 조금씩 궤도가 안정되며 특히 한곳으로 모이기 시작합니다. 시간이 더 지나면 하나의 선으로 이루어진 원에 더 가까운 모습이 됩니다. 그리고 잠시 멈춤의 화살촉도 그 수가 줄어들었습니다. 저는 이렇게 주의력이 몇 가지 중요한 일에 집중한 삶의 모습을 '삶의 중요한 몇 가지 중심의 라이프 스타일'이라고 이름 지었습니다. 이것은 저 자신의 중요한 가치관이자 여러분께 소개해 드리고 싶은 비전이기도 합니다.

비전이 있다면 이를 성취할 수단이 필요합니다. 이는 위 그림에서 보듯 붉은색의 잠시 멈춤의 화살과 그 내용이 되겠습니다. 붉은 화살촉의 이름은 '아날로그 도구를 활용한 목적 있는 휴식'이라고 하며 그 내용은 '삶의 중요한 몇 가지'들 입니다.

■ **삶의 중요한 몇 가지**(A Few Important Things for life, 이하 'F.I.T'으로 표기)

: 삶의 중요한 몇 가지 기록의 약자. 구체적인 예로는 인생 사명, 꿈, 습관, 디지털 도구 활용 규칙과 계획 등이 있음.

■ **목적 있는 아날로그 휴식**(Purposeful Analog Break, 이하 'P.A.B'으로 표기)

: 'F.I.T'을 발견하고 기록하며 이를 다시 보고 다시 쓰는 활동을 하는 휴식 시간. 스마트폰의 단점인 주의력 분산과 쉬운 중독성에 대한 가속에 브레이크를 걸고 네트워크에 연결되지 않은 아날로그 도구를 활용하여 집중력 회복 및 중독 위험 예방, 디지털 도구의 선용을 도모하는 아날로그적 휴식 방법 중 하나.

■ 중요한 몇 가지 중심의 라이프 스타일
(A Few Important Things-Centered Lifestyle)

: 'F.I.T' 내용을 'P.A.B'을 통해 발견하고 되새김질하는 것을 통해 결국
다다르게 되는 생활 방식. 삶의 중요한 몇 가지 방향에 맞춘 생활 방식으로
디지털 세계의 여러 자극 요소들로 인해 주의력이 분산된 라이프 스타일과
대조되는 개념.

　아무것도 하지 않는 '멍 때리는' 휴식, 운동하며 스트레스를 푸
는 휴식, 지인과 즐거운 대화를 나누는 휴식, 수면 시간 등은 대표
적인 아날로그 휴식입니다. 이는 기존에 '디지털 디톡스'라는 이름
으로 소개된 바 있습니다. 최근에는 더 나아가 '도파민 금식'을 하
는 이들도 생겼습니다. 2019년 현재 실리콘밸리(스마트폰의 탄생지이
죠)의 아주 핫한 유행이라고 합니다.[1] 심지어 "실리콘밸리가 미치지
않기 위해 도파민 금식에 집착하고 있다."라는 표현까지 나타났습
니다(Silicon Valley is obsessed with 'dopamine fasting' to stay sane. It
might actually work, but not because of dopamine).[2] 도파민 금식이
란 쉽게 말해서 매우 재미있는 것, 기분을 좋게 하는 것 또는 반대
로 매우 기분을 나쁘게 하는 문제 등으로부터 일시적으로 스스로
를 단절시키는 것입니다. 스마트폰을 넘어서서 심지어 아날로그 현
실에서도 지나친 자극을 일으킬 수 있는 행동을 피해 보자는 운동

---

1) 출처: https://www.businessinsider.sg/what-is-dopamine-fasting-according-to-
　　neuroscientist-2019-11/
2) 출처: https://www.businessinsider.sg/what-is-dopamine-fasting-according-to-
　　neuroscientist-2019-11/

입니다. 구체적으로는 다음과 같은 행동을 한다고 합니다.

> "도파민 금식 기간 동안에 극단적인 금식자의 경우 쾌감을 불러오는 모든 종류의 경험을 피한다. 성관계, 음식, 운동, SNS, 비디오 게임, 대화 등이다. 어떤 이들은 자극을 피하고자 타인과 눈을 마주치거나 친구들과 대화하는 것, 그리고 약간 빨리 몸을 움직이는 것조차도 피한다."
>
> - "Is there actually science behind 'dopamine fasting?'",
>
> Nicoletta Lanese

실리콘밸리는 스마트폰이 탄생한 곳이며 지금도 수많은 디지털 스타트업들이 만들어지는 곳입니다. 디지털 홍수는 그곳도 예외가 아닌가 봅니다. 이렇게 피하는 행동 외에도 도파민 금식에 도움이 되는 추천 활동들도 있습니다. 그 예로는 텔레비전 또는 스마트폰을 보는 대신에 건강을 챙기는 활동하기(운동, 요리 등), 리더쉽 발휘하기(타인 돕기), 관계 맺기(대화하기), 배우기(읽기, 듣기), 만들기(글쓰기, 예술 하기) 등이 있다고 합니다.[3]

하지만 디지털 디톡스, 도파민 금식 등의 아날로그 휴식은 목적의식을 고취시켜 주지는 않습니다. 이 모든 아날로그 휴식과 디지털 도구의 활용, 생활과 일의 균형을 잡아줄 삶의 방향을 고민하

---

3) 출처: https://www.businessinsider.com/dopamine-fasting-silicon-valley-trend-what-its-like-2019-10

는 '잠시 멈춤'의 시간도 필요합니다.

From   "Break-Free"

To   "Break, Free"

["브레이크 없음"에서 "멈추고 자유하라"로!]

목적의식이 고취되면 스마트폰의 사용뿐만 아니라 우리 삶의 다른 영역도 이 목적에 종속되기 시작할 것입니다. 하지만 여기서 '이런 이상적인 하나의 원에 가까운 원의 상태가 중독의 상태와도 비슷하지 않은가?' 하는 생각이 듭니다. 중독의 상태라면 이 원들은 하나의 선으로 보이겠습니다. 즉, 무한히 하나의 행위에 모든 주의력을 기울이는 상태가 됩니다. 여기까지는 이런 이상적인 상태와 비슷해 보이지만, 건강한 집중력의 원은 '중요한 몇 가지 가닥'을 가지고 있습니다. 일에 집중하지만, 가정에 소홀하지 않으며 디지털 도구를 사용하지만, 낭비적인 활동들은 최소화된 상태입니다. 반면 '하나의 가닥'으로 이루어진 '중독의 원'은 중독 행위를 뺀 나머지 행위들에 대해서는 전혀 관심이 없어집니다.

좀 더 구체적인 예로 이 과정을 살펴보겠습니다. 제게 중요한 몇 가지를 다시 상기시켜 주는 내용들을 읽으면서 디지털 콘텐츠에 분별없이 자극받던 욕망들에 대해서 다시 생각해 보게 됩니다. 특히 스마트폰을 과도하게 사용하고 있다면 이를 통제하는 직접적인 내용들을 'F.I.T'에 포함하시면 됩니다. 이런 과정이 반복되면 조금씩 일상 및 직업 생활 관련 활동과 더불어 스마트폰 활동들을 목적 중심으로 평가해 보는 등 나만의 가치관을 가지고 다시 생각해 보게 될 가능성이 커집니다. 이상적으로는, 스마트폰의 강력한 능력을 우리의 중요한 목적에 더욱 맞추어서 사용하게 되는 것입니다. 이것이 반복되다 보면 원의 궤적들은 '중요한 몇 가지 가닥'을 유지하면서도 하나의 원에 가깝게 보이게 될 것입니다. 스마트폰의 효율성이 우리의 목적에 맞게 최적화된 것입니다. 그 예로, 저는 이 책을 쓰기 위해서 스마트폰과 태블릿 사용의 80% 정도를 메모와 글쓰기에 할당했습니다. 그러자 스마트폰은 SNS나 메시징이나 게임 도구이기보다는 제게 글쓰기 도구가 되었습니다. 하지만 이 글쓰기가 끝나고 난 뒤 제가 다시 게임이나 영상을 보는 데 계속 사용한다면 스마트폰을 쳐다보거나 손에 쥐면 게임이나 영상이 먼저 떠오르게 될 가능성이 높다는 말입니다.

스마트폰의 효율성과 더불어서 카멜레온 같은 특징은 강력한 편의를 제공하는 만큼, 우리 스스로가 삶의 초점을 정기적으로 관리해야 할 새로운 과업도 부여해 준 것입니다. 그래서 P.A.B는 시간이 갈수록 빈도가 조금씩 줄어들지만, 완전히 중단해서는 안 됩니다. 그러다 갑자기 디지털 자극의 습격으로 또다시 집중력의 원이 흐트러질 수 있기 때문입니다.

□ 발 디딜 땅, 아날로그 도구

아직 제가 P.A.B에 사용할 '아날로그 도구'가 무엇인지 언급하지 않았습니다. 이를 위해선 다음의 이야기를 먼저 소개해 드려야 하겠습니다.

"… 이를 위해 매클루언은 『소용돌이 속에서(a descend into the maelstrom)』라는 에드거 앨런 포의 단편 소설을 예로 들었다. 한 어부가 탄 배가 소용돌이에 빨려들어서 곧 죽게 생겼다. 그때 이상한 일이 일어났다. 갑자기 주변에 대한 모든 의식이 없어지고 마음이 가라앉았는데 그러면서 놀랍게도 소용돌이가 작용하는 원리를 깨달은 것이다.

다른 배들이 소용돌이 속으로 빨려 들어가 자취를 감추고 있을 때 그는 부서진 배의 파편이 모양에 따라서 달리 움직인다는 것을 발견했다. 대부분은 순식간에 아래로 빨려들어 갔지만, 원통 모양의 파편은 쉽게 빨려들지 않고 수면 가까이에 오래 남아 있었다. 이러한 관찰을 토대로 그는 배 위에 있던 원통형 물통을 자신의 배에 묶고 배 밖으로 뛰어들었다. 효과가 있었다. 배는 죽음을 향해 계속 빨려들어 갔지만, 영리한 어부는 살아남았다. '내가 매달려 있던 물통은 아주 조금밖에 가라앉지 않았다.'라고 어부가 말했다. 결국, 소용돌이가 멈추었고 어부는 다시 수면 위로 올라올 수 있었다. '하늘은 맑았고 바람도 잠잠했으며 보름달이 환한 빛을 내며 서쪽으로 지고 있었다.' 어부는 자기 목숨을 구한 것이다.

매클루언에게 소용돌이는 디지털 세상에서의 삶을 나타낸다. 우리는 통제할 수 없는 것처럼 보이는 격렬하고 혼란스러운 정보와 자극의 소용돌이에 빠져있다. '우리가 자초한 소용돌이에서 어떻게 빠져나갈 것인가?' 그는 묻는다. 그리고 그의 대답은 영리한 어부를 따라 하라는 것이다. 당황하지 말고 숨을 깊이 들이마시고 머리를 굴려라. 소용돌이 속으로 빨려들지 않는 것이 무엇인지 파악하고 그것을 붙잡아라.

그렇다면 그다음에 필요한 질문은 바로 이것이다. 우리의 물통은 과연 무엇인가? 영리한 어부처럼 각자의 물통은 각자 찾아야 한다. 인간이 처한 상황은 모두 다르며 내적 삶과 외적 삶의 균형을 맞추는 방법도 다양할 뿐, 정답은 없다. 언제나 그래 왔다. 중요한 것은 매 순간 자신의 경험은 자기 스스로 만들어 가고 있다는 것을 의식하는 것이다. 키보드를 두드리며 디지털 교통 정체에 발이 묶여서 대부분의 시간을 허비한다면 당신의 삶도 그렇게 될 것이다. 어쩌면 그렇게 사는 것이 행복할 수도 있다. 그러나 그런 삶이 불행하다면 다른 선택을 해야 한다."

- 『속도에서 깊이로』, 윌리엄 파워스

저는 이 '빨려 들어가지 않는 도구'를 제안하려고 합니다. 윌리엄 파워스는 책의 다른 장에서 제가 소개해 드릴 도구의 재질을 언급합니다.

"… 20세기 중반 이후에 미래학자들은 종이가 곧 자취를 감출 것으로 예측했다. 하지만 그런 일은 일어나지 않았다. 종이는 여전히 유용한 도구다. 어쩌면 우리가 간절히 원하는 디지털 커넥팅의 '부재'를 제공하기 때문에 더욱 유용해지고 있는지도 모른다. 종이책을 읽어라. 내가 몰스킨을 사용하는 것처럼, 일기를 쓰거나 단순한 공책에 아무것이나 끼적여라.

새로운 잡지를 구독하라. 한 가지에 집중하기가 점차 힘들어지는 멀티태스킹 세계에서 웹에서 벗어난 종이의 호젓함이 가진 힘은 점차 강해지고 있다. 아름답게 제본된 종이 묶음을 손에 들고 있는 것만큼 멋진 일도 없다. 전 세계가 당신의 마음과 함께 속도를 늦출 것이다."

네, 바로 종이입니다. 저는 주머니에 휴대하는 종이 수첩을 디지털 소용돌이에 휘말리지 않는 데 도움을 줄 도구로 제안하려고 합니다. 스마트폰이 거대한 디지털 세계와 연결된 대표적인 휴대 정보 도구라면, 종이 수첩은 연결이 끊어진 대표적인 휴대 정보 도구입니다. 이 종이 수첩은 여러분의 'F.I.T'으로 채워지게 되며 이를 항상 휴대하고 다시 읽는 것을 통해서 '목적 있는 아날로그 휴식(Purposeful Analog Break)'을 가질 수 있습니다.

그런데 스마트폰에서 그걸 확인하는 게 더 효율적이지 않은가라는 생각이 들 수도 있습니다. 저는 다년간 실제로 그렇게 해 왔었습니다. 하지만 그렇게 하면서 제가 느낀 점은 다음과 같습니다. 첫째, 디지털 도구 속의 모든 것은 존재감이 흐릿하다는 점입니다. 그래서 그 기록들이 '있다.', '존재한다.'라는 생각을 점점 더 덜 하게 됩니다. 이 기록들은 종이와는 다르게 비트로 이루어져 있고 화면이 꺼진 상태에서는 실제로 이 세상에 존재하지 않습니다. 물리적인 실체가 없으니 그 기록들이 있다는 인식이 점점 더 흐릿해지고 이는 자주 들여다보지 않는 경향을 부채질하게 됩니다. 둘째, 쉽게 기록할 수 있고 아무리 많이 적어도 물리적 실체가 증가하지 않다 보니 내용이 지나치게 늘어나는 경향이 있었습니다. 자꾸 많아지다 보니 점점 더 보기가 부담스러워졌습니다. 셋째, 스마트폰은 연결된 도구이기 때문에 'F.I.T'을 보러 들어갔다가 다른 활동을 하게 되기 쉽습니다. 메모 앱 안의 어딘가에 있는 그 기록을 찾아 들어가면서 여러 앱을 보고 지나쳐야 합니다. 그리고 알림이 중간에 올 수도 있으며 조금 전에 스마트폰으로 하던 활동이 쉽게 떠오르기도 합니다. 그래서 주의가 금방 분산되고 스마트폰을 잠금하기 전에 다른 앱으로 무언가를 하기도 쉽습니다.

디지털 세계 밖의 아날로그 도구를 붙잡고 소용돌이에 빨려 들어가지 않아야 합니다. 물론 종이 수첩에도, 디지털 메모 앱 안에도 'F.I.T'이 모두 기록되어 있다면 더 좋겠습니다.

□ **삶의 중요한 몇 가지?**

혹시 직장이나 학교에서 사명 선언문 워크숍에 참여해 본 경험이 있으신지 모르겠습니다. 사명 선언문 워크숍에서는 사명, 비전, 꿈 등의 개념을 쉽게 접할 수 있는데, 'F.I.T'이 될 가능성이 높은 후보입니다. 비전, 꿈 등이 가지고 있는 동기 부여의 힘은 대단합니다. 또 다른 후보로는 습관도 있습니다. 특히 이 책에서도 중요하게 다룰 스마트폰 관련 과몰입, 과의존 등은 습관 관리와 긴밀한 연관이 있습니다. 끊고 싶은 습관, 만들고 싶은 습관도 이 종이 수첩에 들어갈 수 있는 중요한 후보 중 하나입니다. 사명이나 비전 등 다소 진중하고 생각하는 데 많은 시간이 걸릴 수 있는 내용들보다는 이런 습관에 대해서 먼저 기록하시면 손쉽게 시작할 수 있습니다. 스마트폰을 과하게 사용하는 것 같다는 생각이 드신다면 스마트폰 선용에 도움이 될 습관을 기록하는 것으로 시작하셔도 됩니다.

인상 깊었던 책의 문구, 위로되는 문장, 힘이 되는 문장 등도 유용한 후보들입니다. 이렇게 기록하다 보면 디지털 메모 앱의 단점처럼 그 양이 꽤 많아질 수도 있는데 그래도 펜으로 적을 때는 좀 더 따져 보고 신중하게 쓴다는 점에서 기록의 양을 관리하는 데 장점이 될 수 있습니다. 저는 또한 이 책에서 'F.I.T 다시 쓰기'라는 과정을 알려드릴 텐데, 이 과정에서 기존의 내용을 수정하거나 빼는 작업도 하게 됩니다. 이 과정도 정보의 양을 통제하는 데 도움이 됩니다.

이런 나만의 가치관은 인터넷 검색을 통해서 찾으실 수 없습니다. 강연이나 도서, 성공적인 삶을 산 유명인을 보며 나만의 가치관을 형성하는 데 자극받을 수 있겠지만, 그렇다고 해서 타인의 가치관을 검토 없이 그대로 내 삶에 주입할 수는 없겠습니다. 나의 삶을 돌아보고 받아들여서 실천할 수 있는 수준의 가치관인지를 검토해 보아야 합니다.

우리 각자가 살아온 삶의 발자취는 모두 다 다릅니다. 겪은 사건이 비슷하더라도 우리의 반응은 또 각기 다릅니다. 유사한 선택을 하는 경우도 더러 있지만, 그 반응의 정도와 순서 그리고 이에 대한 타인의 반응은 또 다릅니다. 이처럼 우리는 모두 유사한 경험을 하는 것과 동시에 독특한 경험들도 함께 축적해 나갑니다. 이런 삶의 발자취를 돌아보는 것은 타인과 공감할 수 있는 유대감을 증진할 수 있는 동시에 타인과는 다른 개성을 강화할 기회를 제공하기도 합니다.

삶을 돌아보는 대표적인 활동 중의 하나가 일기 쓰기입니다. 별 것 아닌 것 같은 이 행위가 수년간, 수십 년간 반복되고 또 기록이 쌓이면 그 기록이 가지는 힘은 굉장합니다. 『타이탄의 도구들』의 저자는 18세 이후로 자신의 모든 것을 기록하며 자신만의 인생 비기들을 모았다고 합니다. 그중에는 자신이 성공했던 다이어트 비법도 있는데 현재 다시 다이어트가 필요할 때 그 노트를 꺼내서 동일하게 반복하면 동일하게 다이어트를 성공시킬 수 있다고 합니다. 검색을 즉각적으로 떠올리셨다면 자신을 디지털 인류라고 생각하셔도 되겠습니다. 물론 검색 결과도 도움을 줄 수 있지만, 모든 다이어트 방법이 자신에게 맞지는 않습니다. 자신에게 딱 맞는 다이어트 방법을 찾아내는 데는 시간이 걸립니다. 그리고 그렇게 힘들게 찾아내서 다이어트에 성공하지만, 시간이 많이 흐르고 나면 기록하지 않은 이상에는 방법을 잊어버리게 되고 또다시 검색, 시행착오 등을 통해서 자신만의 방법을 찾아야 합니다.

□ 기록의 힘

저는 다년간 저만의 'F.I.T'을 메모하고 상기해 왔습니다. 그리고 삶의 여정을 일기로 남겨왔습니다. 이런 기록으로 인해서 축적된 저만의 정체성은 이 책에서 소개해드릴 '메모웨어'의 창안과 연관이 있습니다. 메모웨어란 마치 골프웨어라는 명칭처럼 메모와 펜을 위한 전용 포켓이 있는 바지에 제가 붙인 이름입니다. 저의 부모님은 오랜 기간 의류 사업에 종사하신 경험이 있으시며 저는 장애인 직업 능력 평가 및 상담으로 장애인의 취업을 지원하는 일을 6년간 했습니다. 저는 상담 기록, 검사 실시 시 행동 관찰 메모, 검사 결과 등의 정보들을 종합하는 분석적 글쓰기를 반복적으로 해 왔고 저의 부모님은 의류 제작을 해 오셨습니다. 특히 바지를 중점적으로 만들어 오셨습니다. 'F.I.T'을 위한 도구로써 바지를 포함한 것은 어릴 때 항상 보아왔던 것이 바지들이었기 때문일지도 모릅니다. 이 두 가지 정체성이 만나는 데 도움을 준 것이 기록이 아닐까합니다. 기록은 저의 정체성을 더 명확하게 하는 역할을 했다고 생각합니다. 이를 통해서 새로운 종류의 제품이 태어났습니다.

어쩌면 20대 초반부터 가졌던 기록 습관이 상담 직무에 대한 흥미를 가속화시킨 것인지도 모르겠습니다. 저의 첫 전공은 사회복지학이 아니라 기계설계학이었습니다. 개인적인 동기로 중간에 전공을 바꾸게 되었고 당시에는 기록 행위가 특정 직업과 관련된 강점으로 전환될 수 있다고 생각하지는 못했습니다. 졸업 후 첫 직장에서 상담 및 평가 직무에 배치되고 나니 특히 기록하는 것과 기록한 내용을 다루는 일이 매우 빈번했습니다. 만약 제가 일기와 다이어리 습관을 좀 더 빨리 직업과 연관시킬 수 있었다면 삶의 여정이 어떻게 달라졌을까를 상상해 보기도 합니다. 어쨌든 개인적으로 해온 기록 행위들은 직업 영역에서도 그 힘을 발휘했습니다.

개인뿐만 아니라 사회도 기록의 힘을 활용하고 있습니다. 그 예로 워크넷이라는 직업 정보 검색 사이트가 있습니다. 워크넷은 우리나라의 다양한 직업과 직무에 대한 정보를 제공하며 간단한 온라인 진로 적성 검사를 제공하는 사이트입니다. 이 온라인 기록물에서는 직업 환경에 대한 정보를 얻고 일기에서는 나 자신을 돌아보는 것은 나의 장점이 어디에서 가장 잘 발휘될지를 고민하는 데 도움이 됩니다. 만약 기록을 통하지 않고 수많은 직장인을 일일이 만나서 대화를 통해서만 정보를 얻으려 한다면 여러 직업의 내용들을 고려하기는 어려울 것입니다.

이런 면에서 디지털 세계의 '굉장한 혜택'이 드러납니다. 종이로 인쇄된 직업 사전은 그 두께와 무게가 어마어마합니다. 디지털화 이전의 시대에서는 이 사전을 찾으려면 학교의 상담실을 찾아가야 했을 것입니다. 하지만 온라인 직업 사전은 검색이 편리하고 스마트폰을 통해서 어디서든 접속이 가능합니다. 나 자신의 직업 관련 가치관이나 내가 자신 있어 하는 능력 등 자기 탐색과 관련된 간단한 온라인 검사를 통해 직업인으로서 나에 대해서 생각해 볼 수 있는 정보들을 제공합니다. 하지만 어떤 직업 정보 사이트에서도 여러분의 개인사에 대한 정보를 제공해 주지는 않습니다. 내가 글을 올린 적이 없는데 만약 어떤 사이트에 그런 정보가 있다면 개인정보 유출로 신고하셔야겠습니다. 이 정보는 여러분이 기록하고 보관해 가야 할 정보입니다. 여러분이 기록하지 않으면 그 누구도 기록해 주지 않는 ―그리고 해 줄 수도 없는― 여러분만의 역사입니다.

사회 유명인사의 자서전은 주로 유명해지게 된 그 주제를 중심으로 쓰이기 쉽습니다. 무엇보다도 자서전은 타인에게 읽히기 위한 것이기 때문에 이미 기록된 일기들을 편집하더라도 타인이 읽을 것을 고려하며 작성하지 않을 수 없습니다. 즉, 진솔하게 쓰기가 어렵다는 말입니다. 하지만 여러분이 혼자 보고 성장하기 위해서 쓰는 일기는 타인의 시선을 의식할 필요가 없습니다. 솔직해질 수 있습니다.

□ 일기 쓰기의 동기, 삶의 변화

제가 저만의 중요한 가치를 메모하고 상기하기 시작한 이유는 이전의 삶과는 다르게 살고 싶다는 열망 때문이었습니다. 저는 중, 고등학교의 생활을 학생답게 해내지 않았습니다. 고등학교를 졸업한 후에야 이를 후회하고 다르게 살아 보고 싶었습니다. 늦은 것이 아닐까 생각도 해 봤지만, 그래도 시작하고 싶었습니다. 오늘 실패한 것과 성공한 것을 기록하고 이를 반성하여 내일은 더 가치 있게 살아 보고 싶어서 일기를 시작한 것입니다. 결과적으로 일기는 저에게 그 이상의 가치를 지난 18년 동안 제공해 주었습니다.

일기 쓰기를 20대 초에 시작하여 30대 초반쯤 되어서는 10년간의 일기를 정리했습니다. 기록을 모아서 다 같이 인쇄했더니 A4 용지로 1,500페이지 정도가 나왔습니다. 제본하니 커다란 성경책만큼 두꺼웠습니다. 많다고 해서 좋은 건 아니지만, 그래도 나름 뿌듯한 느낌이 들었습니다. 누군가에게 읽히기 위해 쓴 글들이 아니기 때문에 출판과는 비교하기 어렵지만, 그래도 '만약 책을 낸다면 이런 비슷한 느낌일까?' 하는 생각은 들었습니다. 그 육중한 무게와 크기 때문에 서재에 꽂아놓으면 상당한 존재감을 뿜어냅니다.

눈에 잘 띄다 보니 한 번씩 꺼내서 읽습니다. 일반 도서를 읽을 때처럼 줄을 그으며 페이지 빈칸에 메모도 남깁니다. "지금도 겪는 어려움인데 이때도 그랬구나. 그래도 이제는 좀 고쳐진 습관인 듯.", "이때는 이 결정을 내린 게 후회스러웠는데 지금 돌이켜보니 오히려 잘된 일이네." 등의 메모들을 여백에 남깁니다. 일기를 다시 읽어 보는 것은 과거를 다시 살아 보는 경험과 유사합니다. 당시에는 정말 싫었던 경험이 지금은 도리어 이 경험으로 인해서 잘된 경우를 보면 현재 제가 겪는 경험에 대한 의미 부여가 언제까지나 동일한 것은 아니라는 것을 알게 됩니다.

□ **공황 장애 극복**

저는 20대 중반에 공황 장애를 겪었습니다. 이를 극복한 지 대략 10년 정도 된 것 같습니다. 당시에는 정말 이 극단적인 감정의 널뜀 때문에 일상생활이 어려웠습니다만, 극복의 시기를 힘겹게 보내고 완치되고 난 뒤에는 이 경험은 제게 자산이 되었습니다. 웬만한 불안감에 대한 내성이 생겼다고 해야 할까요? 그리고 제가 해낼 수 있는 일의 한계선에 대해 좀 더 뚜렷하게 인식하는 데 도움이 되었습니다. 감사의 힘에 대해서도 알게 되었습니다. 이 어려움을 극복하는 데 있어서 기록이 담당했던 일부 역할이 있어서 이를 말씀드립니다.

공황 장애를 겪는 기간에는 우리의 정신이 이야기 심리치료학의 '얇은 이야기(Thin story)'와 유사한 상태가 되기 쉽습니다. 즉, 삶의 큰 어려움을 만나서 충격을 받은 이들은 그 '나쁜 상황'들로만 머릿속이 채워지는 현상을 겪게 됩니다. 원래 인생이란 복잡하고 개인마다 독특하며 다양한 측면으로 구성된 굵직한 이야기(Thick story)인데, 이런 측면이 우리 의식에서 충분히 부각되지 않는 것입니다. 이 사건을 해결하는 데 도움이 되는 자신의 강점, 자신을 둘러싼 지인, 가족, 사회의 도움이 가능할지도 모른다는 생각 등을 하기가 어려워집니다. 우리 마음이 충격적인 사건에 과도하게 신경 쓰게 되어 삶이 '공황 장애'라는 한 가지 주제로만 이루어진 단순하고 얕은 이야기로 느껴집니다. 그래서 이 접근의 목적은 얕아진 이야기를 다시금 원상태인 굵직한 이야기로 회복하는 것입니다.

잠깐 신경정신과 진료의 도움을 받기도 했었으며 개인적으로는 나의 삶에서 감사할 만한 것들을 찾아내고 일기에 기록하기 시작했습니다. 10년도 더 전에 기록한 것이지만, 아직도 몇 가지는 기억납니다. 저는 이 감사의 기억을 불안이 예견되어 저의 정신이 얕은 이야기로 진입하게 될 것 같은 때면 다시 떠올리려고 노력했습니다. 억지로 써 내려간 감사가 아니라 객관적으로 감사할 만한 것들을 주의 깊게 살피고 기록해 놓았습니다. 감사한 감정이 생성되고 나면 당장의 불안의 감정을 누를 힘이 생깁니다. 그리고 불안에 대한 불안이 비합리적이라는 확신에 힘을 보태 줄 수 있었습니다. 이렇게 깨달은 것들도 지속해서 기록하며 공황 장애의 근원에 대해서도 지속해서 알아 가려고 노력했습니다. 기록만으로 이를 극복한 것은 아니지만, 그래도 기록은 큰 도움이 되었습니다.

그리고 10년 이상 지난 지금에는 이 기록들은 저에게 또 다른 감사 목록을 제공해 주고 있습니다. 기록하지 않았다면 이 바쁜 디지털 세상에서 언제 극복에 대한 감사한 마음이 다시금 떠올랐을까요. 은퇴 후에나 다시 떠올랐을지도 모릅니다. 감사한 마음은 다시금 아침에 일어나서 일할 수 있는 힘을 줍니다. 극복한 어려움의 크기가 클수록 감사의 마음도 더 큽니다. 그리고 불확실한 미래를 향해서 준비하고자 하는 마음 또한 더 강하게 해 줍니다.

이 과정 중에 저는 디지털 문자와 아날로그 문자의 차이점도 인식하게 되었습니다. 디지털 일기를 책으로 제본하고 서재에 보관하면서 알게 된 것입니다. 스마트폰이나 컴퓨터 파일 속의 일기들은 '존재감'이 없어서 잘 펼쳐보지 않게 됩니다. 하지만 잘 보이는 서재 칸에 꽂혀있는 두툼한 일기는 눈에 띌 가능성이 높습니다. 더 자주 집어서 읽게 되는 효과가 있었습니다.

□ 미래를 위해서 현재를 기록하고 과거를 기억하라!

윈스턴 처칠은 이런 말을 했다고 합니다.

"과거를 기억하지 않는 나라는 미래가 없다."

여기서 '라'라는 글자 하나를 빼 보겠습니다.

"과거를 기억하지 않는 나는 미래가 없다."

과거에 집착해서도 안 되겠지만, 과거의 경험을 돌아보지 않고 현실을 살아가시는 분은 없을 것입니다. 꼭 일기라는 기록 행위가 아니더라도 그저 머릿속에서 과거를 떠올려보며 우리는 오늘을 살아갑니다. 그 예로 어제 아침에 집을 나설 때 공사장 진흙탕에 신발이 더러워졌다고 합시다. 보통 이런 경우, 사람들은 어제를 기억하고 오늘 아침에는 그 길을 피해 가야겠다고 다짐합니다. 과거를 기억하고 다짐했으며 이를 실천해서 위험을 피한 것입니다. 일기 쓰기와 다시 읽기는 이 과정을 머리로만 하는 것이 아니라 외부의 기록물로 하는 것일 뿐입니다. 그래서 과거 성찰의 결과는 '더러워지지 않은 신발로 출근하는 것'이라는 더 나은 미래입니다. 예시로 든 상황은 굳이 기록하지 않아도 충분히 우리의 뇌가 감당할 수 있는 쉬운 과업이지만, 사회생활이나 학업 등 좀 더 상황이 복잡해지면 외부의 기록물은 유용한 기억력 보조 도구가 됩니다. 이런 점에서 미래를 계획하는 플래너도 과거를 항상 고려하고 작성하는 것이라고 할 수 있습니다. 순수하게 미래만을 상상하는 것 같지만, 실현 가능한 계획을 세우는 것에는 축적된 과거의 성공과 실패 경험이 무의식적으로 영향을 주며 때론 의식적으로 과거 경험을 떠올려서 참고하기도 합니다. 즉, 과거를 기록하는 것은 미래 계획에 도움이 됩니다. 미래 계획 또한 'F.I.T 라이프 스타일'에서 중요하지만, 이 책에서는 플래닝 시스템에 대해서는 다루지 않을 예정입니다. 일기를 통해서 과거를 성찰하는 삶은 자연스럽게 미래 계획하기의 방향 설정을 도와주기 때문입니다. 그리고 무엇보다도 플래닝 시스템에 대해서는 이미 유명한 방법론과 제품들이 많이 나와 있기 때문입니다. '프랭클린 플래너' 시스템이나 '끝없는 일 해내기(Getting Things Done)', '불렛저널(Bullet Journal)'과 같은 방법론 등이 그 예입니다. 저 역시 이를 통해서 많은 유용한 팁을 배웠습니다.

기록하지 않은 역사는 쉽게 왜곡될 여지가 큽니다. 물론 '무엇을 기록할 것인가?'라는 가장 첫 단계부터도 왜곡될 수 있지만, 무엇보다도 정직하게 기록된 역사는 가치 있는 자료가 됩니다. 일기를 어릴 때 하던, 삐뚤삐뚤한 글씨로 써 내려가던, 사건의 단면들만 시간 순서대로 나열하던, 일종의 '유치한 어린이 활동'으로 연상하시는 분이 있으실지도 모르겠습니다만, 앞에서 언급한 것처럼 삶의 기록들은 독특한 정체성의 성장, 가치 있는 교훈의 상기, 가치관 강화와 변화 모니터링 그리고 가치 갱신의 필요성 등을 파악하는 등 우리 의식 속 삶의 이야기를 풍성하고 굵직하게 채워 주는 일을 도와줄 수 있습니다.

디지털 인류의 휴대 생태계

"디지털 도구를 들고 다닌다는 것은 디지털 세상이 —그리고
모든 사람이— 어디든지 당신을 따라다니는 것을 의미한다.
집에서도 마찬가지다. 여가 시간 또한 네트워크에 구속되어서 더
이상 자유롭지 않다."

– 『속도에서 깊이로』, 윌리엄 파워스

○

디지털 전환에 가장 크게 기여하는 도구는 스마트폰입니다. 디지털화가 진행될수록 스마트폰 속의 디지털 세계 또한 더욱 확장됩니다. 마치 우주가 계속 팽창하듯이 말입니다. 스마트폰은 내 손안에 있으며 항상 사용 가능한 상태로 대기하는데, 이를 '손안의 우주'로 비유할 수 있겠습니다. 우리의 육체가 물리적 우주 속에 숨 쉬고 살아가듯이 우리의 정신은 점점 더 스마트폰 속의 디지털 우주에서 숨 쉬며 살아가고 있습니다.

□ 21세기의 가장 중요한 환경, 스마트폰

스마트폰을 환경으로 다시 정의하는 작업이 필요합니다. 우리는 흔히 고정된 건물이나 특정 지역을 환경이라고 생각하기 쉽습니다. 집은 우리가 식사하고 잠을 자며 가족과 즐거운 시간을 보내는 환경입니다. 학교는 선생님 및 친구들과 만나고 공부를 하는 물리적인 환경입니다. 직장은 상사와 동료들과 함께 일하는 건물입니다. 우리는 물리적인 공간 속에서 살아가고 있습니다.

스마트폰은 우리 손에 들려 있기 때문에 환경이라고 생각하기 힘듭니다. 하지만 스마트폰이 연결해 주는 디지털 세계들은 환경입니다. 그리고 우리는 이 디지털 환경을 화면으로 보며 인식하고 주로 엄지손가락으로 타이핑하여 이 세계에 참여합니다. 조금 익숙해지면 물리적인 환경에서 하던 것과 유사하게 우리는 타인과 디지털적으로 상호 작용할 수 있게 됩니다. 물건 구매, 사회적 활동, 판매 활동, 생산 활동 등 기존의 아날로그 세계의 공간 안에서 이루어졌던 활동들이 디지털화되면서 스마트폰은 더욱더 환경이라고 부를 만한 것이 됩니다.

가까운 미래에는 스마트폰을 더욱 환경으로 여기게 해줄 만한 일이 일어날지도 모릅니다. 증강 현실이나 홀로그램 기술로 스마트폰을 켰을 때 우리를 둘러싸는 가상의 환경이 시각적으로 가득 채워질 수 있겠습니다. 저는 서재를 좋아하는데, 이런 기술로 스마트폰 도서관 앱을 열면 꼭대기가 잘 보이지 않는 높은 서재의 공간으로 들어갈 수 있거나 유럽의 어느 멋진 골목에서나 볼법한 고풍스러운 서재를 거닐 수 있으면 좋겠다는 생각도 듭니다. 이미 영화에서는 소개된 기술이죠. 저는 퇴사한 후 글을 쓰기 시작했을 때부터 모든 일을 태블릿으로 할 수 있도록 시스템을 구축했습니다. 저는 이제 태블릿만 있으면 어디에 가든 그곳이 저의 사무실이 됩니다. 마치 물리적인 사무실이 가상의 세계에 빨려 들어가 스마트폰 안에 존재하며 제가 스마트폰을 켜서 앱을 열 때마다 이 사무실이 그곳에 튀어나온다고 상상하시면 되겠습니다. 그뿐만 아니라 우리는 수천 개의 쇼핑몰, 게임장, 대화 장소, 비디오 대여점 등을 모두 손안에 휴대하고 있습니다. 스마트폰은 이 모든 것을 한곳에 모아주고 연결해 주는 통로 역할을 합니다. 연결이 끊어지는 경우는 거의 없기 때문에 마치 스마트폰은 이 모든 것과 하나인 듯이 느껴집니다.

하나의 물리적 실체를 가진 도구가 수십 가지 기능을 가지고 있습니다. 앞으로 또 무엇을 더 하게 될 수 있을지도 모릅니다. 게다가 콘텐츠는 쉼 없이 증가하고 있습니다. 관심을 끄는 수없이 많은 디지털 유희와 활동들의 파도 위에서 자신의 삶에 중요한 몇 가지에 대해서 깊이 고민해 보는 것과 이를 찾아보는 것 그리고 이에 집중하는 것은 더욱더 어려워질 수밖에 없습니다.

□ 욕망 증폭 도구, 스마트폰

애플의 앱스토어에는 2017년을 기준으로 약 2,200만 개의 앱이 등록되었다고 합니다.[4] 구글의 플레이스토어에는 2019년을 기준으로 약 2,900만 개의 앱이 있다고 하고요.[5] 전 세계적으로 하루 5억 명의 인구가 유튜브에서 매일 영상을 본다고 합니다.[6] 인스타그램에서는 하루에 약 9,500만 개의 사진과 영상이 공유된다고 합니다.[7] 어마어마한 숫자입니다.

인간 욕망은 끝이 없습니다. 그리고 끝없이 팽창할 수 있는 디지털 세계는 이런 인간 욕망의 요구에 신속하게 반응할 수 있는 환경입니다. 욕구의 충족은 또 다른 욕망으로 이어집니다. 심리학자 매슬로가 관찰한 것처럼, 인간 욕망은 '그저 생존하는 것'에만 머무르

4) 출처: https://en.wikipedia.org/wiki/App_Store_(iOS)
5) 출처: https://www.statista.com/statistics/266210/number-of-available-applications-in-the-google-play-store/
6) 참고: https://biographon.com/youtube-stats/
7) 출처: https://www.wordstream.com/blog/ws/2017/04/20/instagram-statistics

지 않습니다. 안전의 욕망, 인정의 욕망 등 또 다른 욕망을 더욱더 요구하게 됩니다. 더 새로운 것, 더 멋진 것, 더 효율적인 것을 향한 욕망이 더 빨리 충족될수록 또 더 나은 것을 원하는 욕심은 더 가속합니다.

특히 스마트폰은 이 일에서 핵심적인 역할을 합니다. 우리는 스마트폰을 통해서 개발자에게 나의 의견을 댓글로 남길 수 있습니다. 개발자들도 스마트폰으로 '실시간' 반응들을 파악하며 이를 반영하여 디지털 콘텐츠를 만들어냅니다. 검색 포털 회사들은 우리의 검색 내역을 데이터화하여 우리가 가장 좋아할 만한 콘텐츠를 추천해 줍니다. 이처럼 우리에게는 검색이 일상이기 때문에 데이터의 수는 어마어마합니다. 더 많은 사람이 더 많은 일을 스마트폰으로 할수록 더 많은 데이터가 더 많은 사람에 관해서 쌓여갑니다. 더 많은 사람의 욕망을 알아챌수록 디지털 세계는 각 사람의 욕구와 취향에 딱 맞는 모양새로 매우 빠르게 변해 갑니다.

이는 한편으로는 좋은 소식이지만, 어두운 면도 있습니다. 왜냐하면 현실 세계와 같이, 디지털 세계도 항상 좋은 방향으로만 작동하지는 않기 때문입니다. 그 예로 '중독'은 디지털 세계에서 더 큰 영향력을 발휘할 수 있습니다.

"온라인에서 시간을 많이 보내고 싶어 하는 사람은 드물다. 그러나 온라인 도구들은 사람들을 중독시키는 법을 알고 있다. SNS를 확인하거나 포털사이트 화면을 새로고침하고 싶은 욕구는 일종의 경련처럼 솟아오른다. 그 결과 일상에서 성취를 이루는 데 필요한 지속적인 시간은 무의미한 부스러기들로 쪼개진다.

(중략)

이런 중독적인 속성은 우연히 형성된 것도 있지만(문자 메시지가 이토록 우리의 주의를 강하게 지배할 것이라고 예측한 사람은 드물었다), 일부러 조장한 것도 있다(충동적인 사용은 여러 소셜 미디어에서 사업을 꾸려가는 토대다)."

- 『디지털 미니멀리즘』, 칼 뉴포트

디지털 세계의 모든 것이 중독적이지는 않습니다. 하지만 중독을 부추길 수 있는 큰 잠재력을 지닌 환경이라는 점도 상당히 명확해 보입니다. 뷔페를 떠올려 보시면 이해에 도움이 되실 것 같습니다.

□ 뷔페에 매일 갈 수 있다면

제가 어릴 적에는 뷔페가 그리 흔하지 않았습니다만, 어느 새부터인가 '패밀리 레스토랑'이란 것이 유행했던 시기가 있었습니다.

아마도 제가 고등학교에 다닐 적, 즉 2000년 초쯤이었던 것 같습니다. 그전까지만 해도 뷔페는 호텔에서나 들어갈 수 있는, '감히' 근접하기 어려운 호텔의 식당이었습니다. 하지만 이 비싸지만 '가족적인' 뷔페는 뭔가 친근한 이름을 가지기도 했고 주위 사람들도 하나둘씩 가기 시작하니 '아, 나도 가족들이랑 한 번쯤 가 보고 싶다.'라는 생각이 들었습니다. 유행에 빠른 친구들은 이미 또래들과도 함께 가는 곳이었는데 말이지요. 시간이 조금 지나니 이제 뷔페는 모두가 즐기는 곳이 되었고 지금은 상당히 흔해졌습니다. 가격도 여전히 조금은 비싸지만, 당시보다는 상당히 대중화되었고요.

여기는 입장료만 내면 뭐든, 얼마든지 먹을 수 있는 곳입니다. 많이 먹을수록 이득이라는 생각이 드는 환경입니다. 그런데 갑자기 뷔페들이 구독 서비스를 시작한다면 어떨까요. 월 65,000원 정도로 말입니다(제 휴대폰 요금입니다). 재빨리 월에 몇 회 식사하면 본전 이상 먹는지를 생각해 보려다 무슨 계산이 필요한가 하고 그만둡니다. 별로 생각할 것도 없이 이득입니다. 전 국민의 94% 이상이 당장 신청하지 않을까요?8)

한편으로는 최고의 서비스이긴 한데 다른 한편으로는 건강 문제를 생각하지 않을 수 없겠습니다. 일반적인 식사뿐만 아니라 직장에서의 스트레스 등 인생의 갈등이 생기면 일단 먹고 볼 것 같고요. 사실 문제가 없어도 탁월한 음식은 언제든 환영입니다. 스마트

---

8) 2017년 기준 대한민국 스마트폰 보급률입니다.
   출처: https://www.netmanias.com/ko/mobile-statistics/mobile-connections-in-korea/1335/

폰과의 비유를 위해서는 좀 더 상상력을 보태겠습니다. 우리 집 안의 방 한 칸 안에 뷔페가 있다고 해 보겠습니다. 그러면 문만 열고 들어가기만 하면 됩니다. 그곳에 들어가서 편안한 소파 위에 앉아서 세계 정상급의 음식들을 먹고 회귀한 음료를 마시며 스트레스를 풀면 됩니다. 잠시 후면 점심시간이니, 뭘 먹을지 한 바퀴 둘러보는 것도 좋겠습니다. 최대한 비싸고 좋은 음식을 그 수많은 음식 중에서 골라야 할 테니까요. 이 뛰어난 뷔페는 하루에도 몇 번이나 메뉴가 바뀌며 또 음식을 제공해 주는 회사가 수천 개이다 보니 그 종류와 맛도 다양합니다. 들어올 때마다 새로운 음식이 펼쳐져 있습니다. 맛보지 않고 지나쳐버리면 너무 아깝습니다. 그런데 어느새 몸무게가 늘어나기 시작하고 뱃살이 감당하기 어려워집니다. 좋아하는 음식만 골라 먹기 쉽다 보니 영양도 골고루 섭취하지 못합니다. 당뇨, 비만… 수없이 많은 건강 문제가 순식간에 불어납니다. 이제 이 뷔페는 좀 피해야겠다고 생각하고 문을 닫고 잠가 버립니다. 하지만 손잡이를 잡기만 해도, 또는 심지어 이 문을 쳐다보기만 해도 잠금이 풀려버립니다(안면 인식 기술 말입니다). 기술이 참 좋습니다. 인간의 의지와 절제력은 배고플 때 음식 앞에서는 발휘하기 힘듭니다. 집 안의 뷔페를 뿌리치고 밖에 나가서 유혹이 적은 단일 품목의 식당을 찾아 나가기가 귀찮습니다. 맛있는 집 몇 곳을 알지만, 오늘은 비도 오고 버스의 복잡한 사람들 속에서 땀 냄새를 맡으며 거기까지 가기는 싫기도 하고요. 오늘 하루만, 딱 하루만. 뷔페로 들어가는 문의 잠금장치를 숫자 키패드로 바꾸며 '내일은 숫자를 누르기 귀찮아서라도 여기 안 오겠지.'라며

한 번 더 자신을 믿어 봅니다.

스마트폰을 사용하는 우리의 모습이 이와 닮지 않았는지 고민이 됩니다. 이 놀라운 뷔페와 다른 점은 심지어 스마트폰은 우리 손 안에 있다는 점입니다. 그리고 24시간 내내 떨어지지 않습니다. 뷔페가 우리의 식욕을 자극하고 충족시켜 준다면, 스마트폰은 이와 다른 종류의 더 다양한 인간 욕구를 자극하고 충족시켜 줍니다. 사실 간접적으로 편리하게 식욕도 충족시켜줄 수 있습니다. 편리한 배달 앱을 통해서 말입니다. 그리고 둘 다 욕구 충족에 제한을 두지 않는다는 점이 가장 큰 핵심입니다. 즉, 끝없이 충족 행위를 할 수 있게 해 줍니다. 그리고 이를 추구할수록 '이득'이라는 생각을 심어 줍니다.

잠금 해제된 스마트폰은 우리 눈앞에 그야말로 우주를 펼쳐내 보입니다. 가상 현실, 증강 현실 기술이 더 발전한다면 실제로 눈앞에서 우주가 해방되는 것을 목도할지도 모르겠습니다. 스마트폰이라는 가상 세계 안에서는 우리의 손끝이 모든 작업을 다 해냅니다. 마치 영화 〈인터스텔라〉의 웜홀을 이용한 성간 이동과도 같습니다. 유튜브라는 은하계에서 인스타그램이라는 은하계로 이동하기란 '스와이프+터치'만큼 가깝습니다. 이런 초거대 앱들은 '뷔페 속의 뷔페'라고 할 수 있을 만큼의 규모를 자랑합니다. 구글 검색 엔진이나 네이버 검색 엔진도 이에 비유할 수 있겠습니다. 엔진이라는 이름이 참 적절해 보입니다. 마치 디지털 광속 우주선의 엔진 같아서 말입니다. 현재 디지털 세계에서 가장 큰 은하계는 안드로이드(이름도 안드로이드이네요) 은하와 애플의 IOS이고 이 은하계 안에는 많은 또 다른 우주 시스템들이 자리 잡고 있습니다. 그리고 이런 '뷔페 속의 뷔페'들은 계속 증가하고 있습니다.

실제로 수많은 가상 세계를 보유한 '로블럭스'라는 게임의 설명을 한 번 읽어보시기 바랍니다. 아래 내용은 제가 앱스토어에서 해당 앱의 설명 부분의 내용을 그대로 인용한 것입니다.

> "수백만 개의 세상을 체험하세요. 여러분은 어떤 게임을 좋아하나요? 장대한 스토리가 있는 롤플레잉 어드벤처 게임? 세상의 모든 라이벌과 맞서 싸우는 게임? 아니면 그저 친구들과 여유롭게 어울리며 이야기할 수 있는 게임? 로블럭스(Roblox)의 커뮤니티가 직접 만들어 가는 이 세상의 라이브러리는 지금 이 시간에도 점점 커지고 있답니다. 새롭고도 흥미진진한 게임이 매일매일 올라오니까요."
>
> - 로블럭스, 앱스토어

지금도 이 가상세계는 더 확장하고 있다고 합니다. 이전 장에서 말씀드린 '뷔페 속의 뷔페' 중에서도 대표적인 경우입니다. 약간 뒤에 출시된 '마인크래프트'도 또 다른 유명한 가상 우주입니다.

스마트폰을 구입하는 비용과 스마트폰 요금제, 와이파이 요금 그리고 배터리 충전 전기 요금 정도면 스마트폰을 무제한으로 사용할 수 있습니다. 배터리와 네트워크 기능은 나날이 발전하고 있어서 스크린은 더 오래 지속되고 속도는 빨라집니다. 그렇다고 가격

이 갑자기 통신 요금이 2배로 뛰거나 그러지는 않습니다. 그럼 구독 뷔페처럼 초기 비용과 월별 요금을 지불하면 모든 것이 우리 앞에 '무료'로 놓입니다. 중독될 만한 것이 많은 디지털 세계가 우리 손안에서 항상 우리를 따라다닌다면 전 세계가 '절제'를 실천해야만 살아남는 시대가 도래했다는 의미입니다.

03
스마트폰과 중독

"… 주류 기업은 알코올 중독에 대한 확고한 반대 입장을 표명하며 이에 관한 캠페인을 벌이기도 하지만, 그와 동시에 사람들에게 음주를 권하며 수십억 달러를 쓰기도 한다. 적어도 이들은 술을 권하기는 하지만, 알코올 중독을 드러내 조장하지는 않는다. 하지만 첨단 기술 기업은(마이크로소프트뿐만이 아니다) 정신적인 면에서 알코올 중독과 맞먹는 과도한 디지털리즘을 당당히 밀어붙인다. 영원한 접속 상태는 영원한 의식불명 상태와 같은 뜻이다. 누구보다도 이들이 더 잘 알고 있다. 직장에서의 정보 과잉, 너무 산만해서 창조적인 생각이라고는 할 수도 없는 직원에 대한 이야기와 충격적인 통계는 첨단 기술 분야에서 가장 두드러진다."

— 『속도에서 깊이로』, 윌리엄 파워스

○

명절에 오랜만에 모인 가족들은 서로 반갑게 인사하고 식사를 합니다. 그리고 텔레비전을 함께 시청하며 잠깐 담소를 나누다가 이내 조용해집니다. 각자 스마트폰을 들여다보고 있습니다. 아빠는 업무 이메일에 답하고 아이들은 게임을 하기에 바쁩니다. 엄마는 인스타그램을 살핍니다. 카페에 가면 연인이 멋진 경치를 두고 서로 마주 앉아서 각자의 화면을 들여다보고 있습니다. 횡단보도를 건너는 사람 중에는 귀는 이어폰에, 눈은 화면에 두는 사람도 있습니다.

'중독과 맞먹는 과도한 디지털리즘'일까요, 아니면 디지털 인류로의 진화에서 겪는 일시적인 '성장통'일까요. 어느 쪽이든 일단 대응을 해야 할 것 같긴 합니다.

우선 제목에 넣은 중독이란 단어는 상당히 부정적인 어감의 단어입니다. 과연 스마트폰 중독이란 말이 성립할 수 있을까요? 이를 다루기 위해서는 먼저 습관이란 개념에서부터 시작하는 것이 부담이 없어 보입니다.

□ 4차 산업 시대의 가장 강력한 작은 습관

습관에 관련된 책이 참 많습니다. 그중에서도 『아주 작은 습관의 힘』이란 책이 제 눈에 들어왔습니다. 작은 습관들이 누적되어서 큰 결과를 내놓기 때문에 이를 잘 관리해야 한다는 요지입니다.

> "일상의 습관들이 아주 조금만 바뀌어도 우리의 인생은 전혀 다른 곳으로 나아갈 수 있다. 1% 나아지거나 나빠지는 건 그 순간에는 큰 의미가 없어 보이지만, 그런 순간들이 평생 쌓여서 모인다면 이는 내가 어떤 사람이 되어 있을지, 어떤 사람이 될 수 있을지의 차이를 결정하게 된다. 성공은 일상적인 습관의 결과다. 우리의 삶은 한순간의 변화로 만들어지는 것이 아니다."
>
> - 『아주 작은 습관의 힘』, 제임스 클리어

21세기의 가장 작은 습관이자 가장 강력한 습관을 저는 스마트폰 화면 확인하기 습관이라고 생각합니다. 길을 걷고 있든지, 잠자기 전이든지, 친구, 가족과 대화하고 있든지, 시간이 궁금하든지…. 어떤 상황에서든 '별생각 없이' 스마트폰을 들어 올려서 화면을 확인하는 행동 말입니다. 이 습관은 디지털 인류라는 새로운 정체성을 만들고 유지하는 데 크게 기여하고 있습니다. 왜냐하면, 이 활동을 시작으로 스마트폰에 설치된 모든 앱 활동으로 우리는 연결되며 또한 앱들이 알려주는 정보에 접촉하는 디지털 세계와 상호 작용하게 되기 때문입니다. 『아주 작은 습관의 힘』에는 '100번만 반복하면 그게 당신의 무기가 된다'라는 제목의 에필로그가 있습니다. 위에서 말한 반복의 힘을 구체적으로 100이란 숫자로 표현했습니다. 저는 이 숫자에 눈이 갔습니다. 왜냐하면, 2016년 해외 뉴스에서는 아이폰 사용자가 일일 평균 80번 정도를, 안드로이드 스마트폰 사용자는 일일 평균 110번 정도를 잠금 해제했다고 합니다.[9] 두 평균을 평균으로 내 보면 100번에 좀 더 근접하겠습니다. 그리고 다음은 제가 한 주 동안 스마트폰을 잠금 해제한 내용입니다.

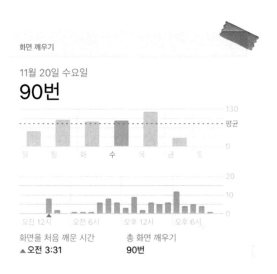

기가 막히게 100번에 근접하는 수치입니다. 『아주 작은 습관의 힘』에서 나온 100이라는 숫자가 어떻게 선택됐는지 갑자기 궁금해집니다.

---

9) 출처: How Many Times Do You Unlock Your iPhone Per Day? Here's The Answer From Apple, https://www.techtimes.com/articles/151633/20160420/how-many-times-do-you-unlock-your-iphone-per-day-heres-the-answer-from-apple.htm

일단 저는 아이폰 사용자의 평균 정도 되겠습니다. '그래도 평균 수준이잖아.'라며 안심했다기보다는 보고 나서 깜짝 놀랐습니다. 이렇게 많이 확인했다고 생각해 본 적이 없었기 때문입니다. 100번 넘게 본 날도 꽤 있었습니다. 여러분은 같은 행동을 의식적으로 100번 정도 해 보신 적이 있으신가요? 이렇게 아무런 마찰 없이 어떤 행동은 많이 하면서도 의식하지 못하는 행동은 숨 쉬는 것, 걷는 것, 눈 깜빡이는 것 정도 아닐까요. 스마트폰 확인하기는 디지털 인류의 호흡과도 같습니다.

이렇게 스마트폰은 우리 삶의 기본값이 되었습니다. 즉, 습관이 되었다는 말입니다. 습관에 대한 제임스 클리어의 주장을 좀 더 들어보겠습니다.

"이것이 습관에 관한 가장 놀라운 점 중 하나다. 습관을 시작하기 위해 반드시 어떤 신호를 인지해야 하는 것은 아니라는 말이다. 기회를 포착하고, 의식적으로 주의를 기울이지 않아도 행동을 취할 수 있다. 이는 습관이 유용한 이유다.

그러나 반대로 이는 습관이 위험한 이유이기도 하다. 습관이 형성되고 나면 자동적, 무의식적으로 행위가 일어난다. 무슨 일이 일어나고 있는지 미처 깨닫기도 전에 과거의 패턴대로 행동하는 것이다.

(중략)

그런 패턴들을 반복할수록 자신이 어떤 행동을 하고 있는지, 왜 그 행동을 하고 있는지 의문을 품지 않게 된다."

- 『아주 작은 습관의 힘』, 제임스 클리어

더 이상 스마트폰의 건전성을 논의하는 것은 무의미해 보이고 시대에 뒤처져 보입니다. 의문을 품지 않게 됩니다. 이것은 이제 심지어 우리 신체의 일부처럼 느껴지기도 합니다. 이 도구만큼 우리 손에 붙어있는 것이 없으며 자주 들여다보게 되는 것도 없으니까요. 그래서 잠깐만 스마트폰이 없어도 신체의 일부를 잃은 것처럼 두려워하는 '노모포비아(Nomophobia)'라는 용어도 나올 정도입니다. 한국의 직장에서는 이런 말이 흔합니다. 동료들을 가족들보다 더 자주 본다는 말 말입니다. 하지만 스마트폰은 그 이상입니다. 스마트폰은 그 누구보다도 더 자주 들여다보는 휴대 도구이며 이것을 확인하는 습관은 우리 시대 최고의 작은 습관입니다.

□ 습관과 중독

중독은 습관과 유사한 면이 있습니다. 게임 중독을 예로 들자면, 혼자 있는 시간만 생기면 '습관적으로' 게임이 떠오르고 이에 게임을 하지 않으면 고통스러운 감정을 느끼게 됩니다. 갑자기 습관과 중독의 경계가 흐려져 보입니다. 하지만 습관적 행동 중에는 중독적이지 않은 것들도 많이 있습니다. 집을 나설 때 가스 밸브를 잠갔는지, 보일러가 켜져 있지는 않은지 확인하고 나가는 습관은 중독이 될 수 없습니다. 예컨대, 모든 중독은 습관을 포함하지만, 모든 습관이 중독은 아닙니다. 중독은 습관과는 다른 나름의 특징이 있습니다. 중독은 '언제나 더 원하는' 상태입니다. 가스 밸브가 잠겼는지를 '더 원하는' 상태가 되는 경우는 없습니다. 가스 밸브가 잠겼는지, 잠기지 않았는지 확인한 후에는 더 이상 조치를 취할 수 없습니다. 하지만 게임은 수많은 종류와 다양한 내용을 가지고 있어서 '더 원할 수 있는' 여지가 가스 밸브를 잠그는 것보다 훨씬 많습니다.

앞서 말씀드린 스마트폰 휴대하기와 확인하기 습관을 예로 들어서 다시 생각해 보겠습니다. 휴대하는 행동은 중독이 될 수 없습니다. 왜냐하면 '더 휴대하는 행위'가 불가능하기 때문입니다. 휴대하는 행위는 휴대하든지, 하지 않든지 둘 중 한 가지 상태밖에 있을 수 없기 때문입니다. '확인하기' 행위는 조금 다릅니다. 확인하는 횟수가 계속해서 증가할 수 있습니다. 그리고 스마트폰 첫 화면의 알림에 여러 가지 내용이 떠오를 가능성이 클수록 '더 원할 수 있는' 여지도 커집니다. 문자 주고받기, SNS, 블로그 등 디지털 사교 활동에 적극적으로 참여하여 디지털 세계의 소식을 스마트폰의 첫 화면에 알림으로 받는 빈도가 높을수록 '확인하기' 행위는 유사 중독 수준으로 올라설 가능성을 가집니다. 운전 중에 충전 중인 스마트폰의 화면에 알림이 오지 않았는지 힐끗힐끗 자주 쳐다보게 되는 것이 그 예입니다. 물론, 이는 메이저급(?) 중독 행위와 비교하면 약한 수준입니다만, 이처럼 유사 중독 수준이 되면 상당히 위험한 상황도 일어날 수 있습니다.

이제 스마트폰 중독이란 개념이 과연 타당한 것인지에 대해서 좀 더 자세히 알아봅시다.

□ 중독의 시대

> "현대의 사회를 중독의 시대라고 한다. 과거에 비해서 현대 사회는 다
> 양한 종류의 중독 현상들이 더욱 널리 퍼지고 있다. 일명 중독 증후군
> (addiction syndrome)이 널리 만연되어 있다. 알코올 중독, 니코틴 중독,
> 약물 중독, 마약 중독, 오락 중독, 게임 중독, 쇼핑 중독, 인터넷 중독, 인
> 터넷 주식 거래 중독, 스마트폰 중독, 도박 중독, 섹스 중독 등의 문제들
> 이 개인의 불행을 초래함은 물론이고 사회적 피해와 폐해를 던져주고 있
> 다. 이러한 중독 관련 증상들은 모두 충동 조절의 실패, 즉 정서와 행동
> 에 대한 자기 통제, 자기 억제, 자기 조절의 실패로 인해 나타나는 부적
> 응적 결과들이다."
>
> - 『(사례중심의) 이상심리학(DSM-5, 제2판)』, 김청송

현대 사회, 즉 디지털 사회는 중독 사회라는 별명을 얻은 듯합니다. 하지만 중독은 이전 시대에서도 큰 문제였습니다. 1996년도, 세기말에 쓰인 『중독의 심리학』의 저자 크레이그 네켄의 주장을 들어보겠습니다.

"설거지와 도박 모두 행동이지만, 대부분의 사람들은 설거지를 하면서 기분이 즐겁게 변화되는 체험은 별로 하지 못한다. 우유와 술은 모두 물질이지만, 우유는 술처럼 기분을 변화시키는 요소가 없기 때문에 사람들은 우유에 중독되지 않는다. 그렇기 때문에 어떤 물질이나 행동이 중독의 잠재성을 지니려면 기분을 즐겁게 변화시켜 줄 수 있어야 한다.

물질이나 행동에 얼마나 손쉽게 접근할 수 있는가에 따라서 사람들이 어떤 형태의 중독을 선택할지가 결정된다. 물질이나 행동에 접하기 쉬울수록 더 많은 사람이 그것과 중독 관계를 형성한다. 일례로, 사람들이 더 널리 도박에 접할 수 있게 되면서 도박 중독자가 점점 증가하고 있다."

- 『중독의 심리학』, 크레이그 네켄

디지털 시대 이전에도 도박에 더 쉽게 접근할 수 있었던 사람들이 중독되어서 고통을 겪었습니다. 1996년의 이야기입니다. 문제는 스마트폰을 가진 인류에게는 도박뿐만 아니라 다른 수많은 '유희'가 끝없이 쏟아질 수 있는 환경이 형성되고 있다는 것입니다. '기분을 즐겁게 변화시켜 줄 수 있는 것' 그리고 '손쉽게 접근할 수 있는 것'이 중독 대상을 결정하는 중요한 기준이 맞다면, 스마트폰과 그 안의 디지털 세계는 이를 가장 충실하게 구현할 수 있는 도구이자 환경입니다. 우리 시대는 진정 중독의 시대로 진입하고 있는지도 모르겠습니다.

그렇다면 '스마트폰 중독'이란 과연 정확한 표현일까요? 첫 번째 인용 단락에서도 '스마트폰 중독'이란 표현이 있습니다. 하지만 저는 스마트폰 중독이란 말이 너무 포괄적이며 모호하다고 생각합니다. 스마트폰이라는 기기는 그저 손에 딱 들어오는 크기의 쇳덩어리이며 검은 화면을 지닌 물건이고 그 속에 여러 가지 프로그램이 있는 도구일 뿐입니다. 사람들은 이 쇳덩어리와 유리 화면에 중독되는 것이 아닙니다. 이 검은 화면이 빛을 발하며 제공하는 것들이 중독을 일으키는 것입니다. 그러니까 정확히 말해서는 '스마트폰 쇼핑 중독', '스마트폰 영상 몰아보기 중독', '스마트폰 도박 중독' 등으로 개념을 더 구체화해야 합니다. 그래야 말이 통합니다. 어떤 분들에게는 스마트폰은 여전히 전화기일 뿐이며 이런 분들께 '스마트폰 중독'이라는 말을 하면 전혀 이해를 못 하십니다. 즉, 저는 스마트폰 중독이란 개념이 성립하지 않는다고 생각합니다. 하지만 스마트폰 관련 행위 중독은 가능한 개념이라고 생각합니다.

'이 대단한 휴대 뷔페를 아예 없애야 하나?'라는 걱정이 들기 시작하셨는지도 모르겠습니다. 만약 스마트폰에 과도하게 빠져 산다고 느끼신다면 일정 기간 동안은 전화와 문자밖에 되지 않는 일명 '바보폰'을 써 보시는 것도 도움이 될지 모릅니다. 또 다른 방법으로는 태블릿으로 다양한 디지털 앱을 사용하시고 스마트폰에는 오직 전화, 문자의 두 가지 앱만 설치해 놓는 방법도 있습니다. 태블릿은 가방 안에 들어가기 때문에 걸으면서 꺼내어 보기가 번거롭습니다. 10인치 이상 되는 커다란 태블릿은 걸을 때 들고 있기에는 손목이 아프기 때문에, 그리고 아직은 이런 커다란 화면을 들고 다니는 사람은 희귀한 편이어서 다른 이들의 눈초리 때문에라도 스몸비[10] 습관이 억제되는 효과가 있을 것입니다.

저는 이 뛰어난 뷔페를 버리고 싶진 않습니다. 어떻게 해서든지 이 매력적인 식당을 곁에 두고 싶습니다. 더불어 이 효율적인 식당을 활용하여 건강을 촉진하고 유지하고 싶습니다. 저에게 스마트폰은 놀라운 메모 도구, 글쓰기 도구이며 할 일 관리 도구입니다. 때로 게임을 통해 스트레스도 해소할 수 있는 도구이기도 합니다.

그래서 우선 저는 뷔페 안의 건강식품 코너를 기웃거리기 시작했습니다. 차라리 뷔페에 '중독'될 것 같으면 건강한 음식에 중독되어 보리라는 시도였습니다. 하지만 건강한 음식일수록 중독되기가 어렵습니다. 별로 자극적이지 않거든요. 하지만 몇 가지 '건강하다고 판단되는' 음식과 이에 대한 어느 정도의 '중독'을 길렀다고는 생각합니다. 가장 대표적인 것이 독서와 메모입니다.

글을 쓰는 2019년 9월을 기준으로, 저는 에버노트 앱에 10,000개의 메모 작성을 달성했습니다. 많다고 해서 무조건 좋은 건 아니지만, 그만큼 자주 글을 쓰게 되었다는 이야기입니다. 블로그 글과 다른 점은 타인에게 보일 필요가 없으며 나 자신만 보면 되는 글이기 때문에 별도의 페르소나(사회적 가면)를 만들지 않아도 되며, 사회 관계망 서비스(SNS)의 중독성을 피했다는 점이 이를 '건강식품'에 속하게 해 줍니다. 저는 길을 걷다가도 아이디어가 생각나면 바로바로 쓰는 편이어서 때로는 좀 과하다 싶은 메모 행위를 보이기도 했습니다. 아내는 제가 아이들과 놀고 있다가 갑자기 스마트폰

---

10) 스마트폰 좀비. 스마트폰 화면을 들여다보느라 길거리에서 고개를 숙이고 걷는 사람을 넋 빠진 시체 걸음걸이에 빗대어 일컫는 말.

으로 무언가를 타이핑하고 있으면 인상을 찌푸립니다. 그럴 때면 메모를 좀 자제해야겠다 싶어서 덜하게 되는데 게임보다는 확실히 끊기가 쉬웠습니다. 되려 안 하다 보면 너무 안 하게 되어서 다시금 글 쓰는 습관을 들여야겠다는 생각이 들게 될 정도였습니다. 이 점 때문에도 '건강식품'으로 분류하게 되었습니다. 만약 이런 결심에도 불구하고 계속해서 일상생활을 방해할 정도로 디지털 메모를 쓰는 것을 멈출 수 없다면 그것은 해로운 '중독'이 되어버렸다고 할 수 있겠네요.

또 다른 '건강식품'으로는 독서가 있습니다. 지금도 저는 디지털화할 필요가 있다고 판단하면 종이책을 칼로 잘라서 개인 스캐너로 파일화해서 넣고 다니며 태블릿으로 읽습니다(판매가 아닌 개인적인 사용을 위한 스캔은 불법이 아닙니다). 그리고 요즘은 이북(e-Book) 앱들이 많아져서 이 또한 지하철 등 대중교통을 이용하거나 병원에서 진료를 위해서 오래 기다려야 할 때 읽고 싶었던 책을 스마트폰으로 바로 읽습니다. 종이책도 집중하기 좋고 메모를 자유롭게 여백에 남기기 쉬워서 1권 정도는 꼭 가방에 넣어 다니지만, 이동 중이나 서서 기다려야 하는 경우에는 꺼내기가 귀찮고 번거롭습니다. 이런 경우 스마트폰으로 전자책을 보기가 매우 편리해서 먼 거리를 이동해야 할 경우 특히 시간을 유용하게 사용할 수 있습니다.

그리고 마지막 건강식품은 개인 생산성 앱들입니다. 저는 처음에는 원더리스트(Wunderlist) 앱으로 시작해 지금은 띵스(Things) 앱까지 왔습니다. 그사이에 거쳐 간 할 일 관리 앱들이 네다섯 가지는 되는 것 같습니다. 달력도 앱으로 사용하기 시작했습니다. 이로써 저는 과거의 시스템 다이어리를 모두 디지털화하였습니다. 하지만 주의해야 할 부분은 개인적으론 디지털 메모나 독서보다 개인 생산성 앱들이 중독성이 좀 더 높은 듯하다는 점입니다. 『멈추지 않는 사람들』의 저자가 말한 것처럼, '향상 중독'에서는 상대적으로 위의 두 가지보다 더 취약한 것처럼 보입니다. 어떤 이들은 디지털 생산 도구들을 불편해하기도 해서 중독성이 없어 보이지만, 한번 발을 들이면(?) 도구 간의 기능들을 검토하느라 시간 가는 줄 모르게 됩니다. 좀 어이없어 보이지만, 할 일 앱들의 효율성이 만들어준 '여유 시간'을 도리어 '더 좋은 앱'을 찾아 헤매는 데 사용하는 것입니다. 그만큼 선택지도 많고, 계속해서 개선된 앱들이 나오기 때문입니다. 그러다가 할 일들을 새로운 앱으로 옮기는 '앱 갈아타기'가 빈번해지기도 합니다. 이는 마치 새집으로 이사하는 것과 비슷한 쾌감을 제공합니다. 저는 상당히 바쁜 시기에도 이런 '이사' 행위를 한 적이 있습니다. 일종의 스트레스 해소 행위였습니다. 좋은 변명은 옮기면서 오래 묵혀두었던 일들을 다시금 상기한다는 핑계였습니다. 그리고 이 앱들은 저의 커리어와 생활을 관리하는 데 도움을 준다는 신념을 주었고 '더 나은 내'가 되는 데도 역시 도움을 준다는 생각을 심어 주었습니다. 제 생각에는 실제로 상당한 도움을 받았습니다. 무조건 할 일을 적는 습관 덕분에 잊어버릴 뻔했던 중요한 일들을 발굴(?)해낸 기억도 있습니다. 이처럼 개인 생산성 앱은 분명히 건전한 요소도 있지만, 중독의 가능성도 함께 가지고 있는 디지털 식단 중 하나입니다.

조금 애매한 것은 뉴스입니다. 저는 최근에 잠들기 전에 꼭 뉴스를 확인하고 자는 편인데, '사회 동향을 읽어야 한다.'라는 건전한 동기이지만, 자극적인 기사들 때문에 끝없이 '관련 뉴스' 링크를 타고 들어가서 읽게 됩니다. 그리고 관련 뉴스 말고도 매우 자극적인 사진이나 제목들이 광고 배너로 튀어나오거나 뉴스의 옆줄에 수없이 많이 자리 잡고 있는 경우도 있습니다. 현재로서는 자극적인 제목들이 너무 많아서 경계심이 들고 끊기 힘들다는 점에서 '중독 위험군'으로 분류해야 할 것 같습니다.

□ 자기 착취로서의 중독

『피로사회』와 『투명사회』라는 책은 스마트폰 및 중독과 관련하여 좀 더 깊은 생각을 하는 데 도움을 주었습니다. 책의 내용 중 제가 멈춰 서서 계속 생각하게 만든 문장들이 있어서 소개해드립니다.

> "… 하지만 지배 기구의 소멸이 진정한 자유, 실제로 강제가 없는 상태로 귀결되는 것은 아니다. 왜냐하면 성과 주체는 스스로를 착취하기 때문이다. 착취인인 동시에 피착취자이기도 하다. 여기서 가해자와 피해자는 하나가 된다. 자기 착취는 자유의 감정을 동반하기에 타자 착취보다 더 효율적이다. 성과 주체는 스스로 만들어낸 자유로운 강제에 예속된다."
>
> - 『투명사회』, 한병철

독재 사회는 독재자가 서민들을 착취하는 사회였습니다. 독재가 사라지면 자유를 얻을 줄 알았는데 사람들은 되려 그 자유를 사용하여 스스로 다시 독재 아래로 들어갔다는 지적입니다. 이번의 독재자는 다름 아닌 우리 자신입니다. 그래서 역설적인 '자유로운 강제'라는 표현이 탄생합니다.

처음에 저는 여기서 끙끙댔습니다. 이 문장은 저를 끌어당기는 힘이 있었는데 그것이 무엇인지 특정하지를 못했습니다.

순간 중독이 떠올랐습니다.

중독이야말로 진정한 자기 착취이며 스스로 자유를 버리는 상태입니다. 중독은 유해 물질에 의한 중독(intoxication)과 의존증으로서의 중독(addiction)으로 나뉘는데 제가 여기서 생각하는 중독은 후자인 의존증으로서의 중독입니다. 'addiction'은 '~에 사로잡히다' 또는 '~의 노예가 되다'라는 의미에서 유래된 단어라고 합니다. 착취란 노예들이 겪는 것인데 각 개인이 자유롭게 성과를 추구할 수 있는 사회에 사는 이들이 '성과 추구에 중독'됨으로써 자신을 노예처럼 착취하는 모습이 떠올랐습니다. 그런데 주체가 개인 1명인데 어떻게 자신을 노예처럼 착취할 수 있을까요? 적어도 착취자인 독재자와 피착취자인 노예로 두 명 이상은 있어야 가능하지 않나요?

우리 내면의 독재자는 바로 욕심입니다. 스마트폰이 우리의 욕망을 가속화시킬 때 욕심의 자아는 더욱더 뚜렷한 형태를 취하며 그 힘 또한 더욱 강해질 것입니다. 그것이 무엇이든 이렇게 지속해서 탐내는 상태에 빠지게 되면 삶의 다른 영역에 대해서는 소홀해지기 마련입니다. 그 예로 휴대 게임 중독이라면 가족들을 돌보거나 학생, 직장인으로서 자기 일에 충실해야 하는 데 사용해야 할 에너지를 중독 대상인 게임에 모두 쏟아 버리는 것입니다. 즉, 삶의 중요한 몇 가지 일에 쏟아야 할 에너지를 착취하는 것입니다. 당연히 반대의 일도 일어날 수 있습니다. 할 일 관리 앱을 언제나 들여다보다가 일 중독이 되어서 때로 가족들과 함께 콘솔 비디오 게임을 하며 관계를 돈독하게 해야 할 시간마저도 일을 처리하는 데 사용해버릴 수 있습니다. 이런 경우에도 일 이외의 다른 삶의 중요한 몇 가지 측면이 모두 무시되며 거기로 투입되어야 할 에너지가 중독적 쾌감의 충족을 위해 모두 착취됩니다. 이것이 바로 자기 착취의 상태가 아닐까 합니다.

저는 사회복지학을 전공했었고 관련 업무를 했었습니다. 사회복지학은 인간과 인간을 둘러싼 환경이라는 이중 렌즈로 상황을 봅니다. 그렇기 때문에 인간 개인에 관한 이론들인 심리학 이론과 사회, 환경에 관한 사회학 이론 등에서 도움을 받습니다. 여러 관점 중에서도 저에게 가장 매력적이었던 관점은 '환경 속 인간에 관한 생태계 관점(Ecological-Systems Perspective of Person in Environment)'이었는데 이 관점이 중독의 자기 착취적 특징을 설명하는 데 유용해 보입니다. 이 관점은 개인, 가족, 집단, 지역 사회 그리고 사회 환경이 서로 어떤 영향을 주고받는지를 살핍니다. 특히 영향을 주고받는 교환 행동에 초점을 맞추는데, 이 교환의 목적은 서로 맞춰(fit) 가는 것입니다. 즉, 서로 적응한다는 것입니다.

> "생태계적 관점은 사람과 환경이 서로 간에 맞춰(fit) 가는 정도를 높이도록 독려하기 때문에 사회 복지 실천에서 매우 유용하다.
>
> (중략)
>
> 인간의 필요와 환경이 서로에게 맞춰(fit) 가는 정도를 높이는 일을 하는 사회복지사는 서비스 이용자들을 둘러싼 사회적, 물리적 환경이 이용자들의 욕구, 필요를 더 잘 반영할 수 있도록 영향을 준다."
>
> - 『The practice of generalist social work』, Julie Birkenmair,
> Marla Berg-Weger, Martha P. Dewees(저자 번역)

인간이 가진 필요를 사회 환경이 채워 간다는 것입니다. 물론 이 사회 환경을 만들어내는 존재 또한 인간이기는 합니다. 흥미로운 점은 서로 맞춰 간다는 표현에 'fit'이란 단어를 사용했다는 것입니다. 중요한 몇 가지의 영문 약자도 'F.I.T'이었지요? 그래서 저는 이 단어를 좋아하게 되었고 이후에 소개할 제 제품에도 이 단어를 쓰게 되었습니다.

> "삶의 중요한 몇 가지(F.I.T) 중심의 라이프 스타일은 여러분과 환경 간에 맞춰(fit) 감을 최적화(fit)해 줄 것입니다."

이 관점을 그림으로 나타내면 다음과 같습니다.

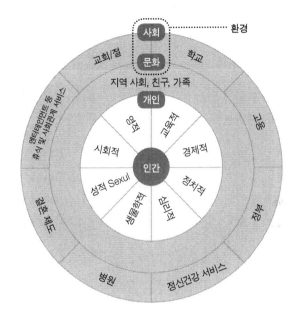

〈환경 속 인간에 관한 생태계 관점(An Ecological-Systems Perspective of Person in Environment)〉[11]

이 그림을 보시면 인간은 문화와 사회라는 환경에 둘러싸여 있습니다. 인간은 8가지 측면을 가진 존재로 묘사되어 있습니다. 그리고 환경은 크게 2가지 띠로 구성되어있습니다. 하나는 지인, 지역 사회, 가족 등으로 이루어진 문화입니다. 다른 하나는 정부 기관과 다양한 서비스 등으로 이루어진 좀 더 큰 사회입니다. '사회'

11) 출처: Elizabeth M. Timberlake, Michaela L. Zajicek-Farber, Christine Anlauf Sabatino (2008). 『Generalist Social Work Practice, a strengths-based problem-solving approach』. Pearson.

의 띠를 보면 병원, 학교 등이 인간의 8가지 측면의 필요를 충족시켜 줍니다. 그뿐만 아니라 우리는 가족, 친구 등의 가까운 환경을 통해서 서로의 다양한 필요를 채워 주기도 합니다. 그리고 반대로 인간은 자신의 8가지 측면, 즉 욕구를 충족하기 위해서 문화와 사회에 적절한 서비스나 조치를 요구하기도 합니다. 모두 서로 맞춰져(fit) 적응해 나가는 과정입니다.

여기서 주의해야 하는 것은 생태계 관점에 따르면 인간 개인의 8가지 측면은 서로 간에 상호의존적이라는 점입니다. 이 중 특정 측면이 필요가 무시되거나 충족되지 않으면 다른 측면들도 영향을 받게 됩니다. 즉, 상황에 맞게 균형적으로 다양한 측면의 필요들을 채워 가야 합니다.

중독 상태에서는 이 중 하나의 측면이 독재의 위치에 올라서는 것으로 생각해 볼 수 있습니다. 성실히 일해서 경제적 측면의 필요가 채워지면 그 경제적 보상으로 자신의 건강을 위해서 사용하거나 가족의 필요를 채우는 것을 통해서 사회적 욕구도 충족되는 등 균형 있는 건강한 삶으로 이어져야 선순환이 일어납니다. 하지만 일 중독의 경우 가족이나 친구들과의 사회적 관계에 대한 욕구를 소멸시켜 버립니다. 건강마저도 챙기지 않게 되는 등 생물학적 욕구 또한 소멸시킬 수 있습니다. 과로사가 그 예입니다. 모든 욕구 에너지를 일하는 것에 집중시켜 버림으로써 다른 다양한 인간의 측면들이 무시됩니다.

이 8가지 측면은 모두 인간이 필요로 하는 것입니다. 이에 측면이라는 단어를 '나'라는 표현으로 대체해 보겠습니다. 즉, 사회적

'나', 정치적 '나', 성적인 '나' 등으로 말입니다. 이렇게 해보면 중독의 자기 착취적 특징이 드러납니다. '경제적 나'가 독재자로서 다른 모든 '나'를 착취할 수 있습니다. 그리고 '생물학적 나', '영적 나', '성적인 나'는 모두 에너지를 빼앗겨서 말라비틀어져 갑니다. 여러 측면의 '나'는 결국 '나'라는 한 존재입니다. 상호의존적인 '나'들이 죽어 갈수록 궁극적으로 '나' 자신도 죽어 가는 것입니다. 성과 사회에서는 성과 주체가 가해자이자 피해자라는 말은 가능합니다. 성과에 중독된다면 말입니다.

물론, 일 중독이나 도박 중독이 꼭 '경제적 측면'에서만 일어나는 것은 아님을 알고 있습니다. 이런 종류의 행동 중독은 정서적 어려움을 피하고자 발생하는 경우도 있기 때문입니다. 그 예로 이혼 등으로 가족 관계가 심각한 위기를 겪거나 사업 파산 등의 감당하기 어려운 수준의 스트레스가 발생할 경우, 이런 스트레스 상황을 기피하고자 일 중독, 도박 중독, 마약 중독 등이 일어나기도 합니다. 이런 경우 겉보기와는 달리 심리적 '내'가 독재의 위치를 차지하는 경우라고 할 수 있습니다. 중독 행동을 통해서 얻을 수 있는 일시적인 심리적 안정 상태에 깊이 빠져든 것입니다. 만약 도박 중독이라면 '심리적 내'가 '경제적 나'를 결국 착취하게 될 것입니다. 감당하기 어려운 도박 빚을 지게 되는 경우입니다.

하지만 애매한 경우는 일 중독입니다. 일 중독은 독특한 경우입니다. 일하는 것은 도박장에 가서 도박하는 것과는 분명히 다릅니다. 일은 '경제적 나'를 살찌우는 일입니다. 하지만 중독으로서의 일은 '심리적 나'를 살찌웁니다. '경제적 나'에게 관심을 주지 않지만,

심리적 안정을 위해, 감정적 도피를 위해 일에 빠져서 살아가니까 '자동으로' 많은 경제적 보상이 따라오는 경우가 있습니다. 이런 경우에는 착취가 아니지 않을까요? 하지만 여전히 다른 모든 '나'에게는 착취적이긴 합니다. 즉, 전인적 인간이라면 모든 측면이 서로에게 착취적이지 않아야 합니다. 물론 일시적으로 '희생'을 요구하게 될 경우는 있을지도 모르겠습니다. 때로는 바쁜 일정일 때가 있습니다. 가족 전체적으로 재정상 어려움이 있을 때는 '심리적 나'를 좀 무시하고 '경제적 나'를 위해서 더 에너지를 쏟아야 할 때도 있습니다. 하지만 그것이 '체계화'되어서 반복되면 안 되겠습니다. 착취란 행위는 과거 독재 사회에서 사회 구조상 체계화되었던 것임을 기억하셔야 하겠습니다. 중독은 통제되지 않으며 지속되는 특징을 가지고 있는데 이는 마치 사회 구조상 체계화되었던 착취와 비슷해 보입니다. 이런 점에서 독재 행위는 마약과도 맞먹는 중독성을 가지고 있는 것일지도 모르겠습니다.

자유의 관점에서 생각해 보면 "중독 행동을 통제하지 못한다."라는 말은 '멈출 수 있는 자유'를 잃은 것입니다. 독재 사회에 비유하자면 독재자는 무소불위의 권위를 가지고 부당한 일을 사람들에게 강제합니다. 강제 수단은 폭력이나 법적 조치일 수 있습니다. 즉, 사람들은 자신의 행동을 통제할 능력을 상실한 상태를 경험합니다. 그런데 우리 내면의 독재자도 이런 식으로 특정 행동을 강제합니다. 무소불위의 권위가 외부에서 내면으로 옮겨진 것입니다. 내부의 독재자가 '욕심의 자아'라는 우리 자신이기 때문에 '자유로운 강제'라는 모순적인 표현이 가능한 듯합니다. 하지만 외부의 독재자와 내부의 독재자는 확실한 차이를 가지고 있습니다. 외부의 독재자는 사회의 광범위한 법률 및 제도에 대한 통제권도 독차지했지만, 내부의 독재자는 그렇지 않습니다. 즉, 외부의 강제적인 폭력 아래에서 욕심에 끌려다닐 수밖에 없는 상태는 아니라는 것입니다. 우리는 욕심의 자아를 막을 수 있는 자유가 있는 것이 확실합니다. 단지 이를 위한 절제력을 가지는 것이 매우 힘든 일입니다. 외부의 폭압적인 힘은 없지만, 외부의 유혹적인 힘은 만연하기 때문입니다.

그렇다면 성과 사회는 중독 사회라고 말할 수 있을까요? 성과 사회에 사는 모두가 중독적이지는 않을 것 같습니다. 하지만 중독으로 인해 멈출 수 있는 자유를 잃기 쉬운 사회인 듯합니다. 스마트폰이 발달할수록 우리는 '~을 할 수 있는' 능동적인 자유를 더욱 많이 제공받게 될 것입니다. 하지만 그럴수록 이를 제어할 수 있는 힘도 더욱 필요해지게 될 것입니다. 즉, '~하지 않을 자유'를 향한 투쟁도 비슷한 수준으로 필요합니다. 자유 사회의 구성원들은 외부 독재자를 경계하는 한편으로 내면의 독재자로부터의 해방을 추구해야 할 상황입니다.

이와 관련하여 『피로사회』에서 규율 사회와 성과 사회를 대조하는 내용을 살펴보겠습니다.

"규율 사회는 부정성의 사회이다. 이러한 사회를 규정하는 것은 금지의 부정성이다. '~해서는 안 된다'가 여기서는 지배적인 조동사가 된다. '~해야 한다'에도 어떤 부정성, 강제의 부정성이 깃들어 있다. 성과 사회는 점점 더 부정성에서 벗어난다. 점증하는 탈규제의 경향이 부정성을 폐기하고 있다. 무한정한 '할 수 있음'이 성과 사회의 긍정적 조동사이다. '예스 위 캔'이라는 복수형 긍정은 이러한 사회의 긍정적 성격을 정확하게 드러내 준다. 이제 금지, 명령, 법률의 자리를 프로젝트, 이니셔티브, 모티베이션이 대신한다. 규율 사회에서는 여전히 '노(No)'가 지배적이었다. 규율 사회의 부정성은 광인과 범죄자를 낳는다. 반면 성과 사회는 우울증 환자와 낙오자를 만들어낸다."

- 『피로사회』, 한병철

금지, 규칙이 사회 통제의 주된 수단이었던 규율 시대에는 "안 돼."가 흔한 말이었다면 우리 시대는 "할 수 있어."라는 말이 지배적이란 의미입니다. 어떤 행동을 금지하는 것과 허용하는 것은 모든 사회가 질서 속에 유지되기 위해서 필요한 행위입니다. 하지만 부정성 또는 긍정성이 극도로 커진 사회를 상상해 보시기 바랍니다. 뭐든 다 할 수 있다는 사회와 뭐든 다 안 된다는 사회 말입니다. 양극단 모두 끔찍하게 들립니다. 지금 우리 시대가 긍정성의 과잉으로 치닫고 있는 것은 아닌지 정말 돌아봐야 하는 시점은 아닌가 합니다. 특히 이런 과잉이 스마트폰과 결합하면 그야말로 강력한 결과를 낳습니다. 지금은 관련 규제가 생기고 있는 것 같지만, 퇴근 후 업무 문자의 고통은 다들 뉴스를 통해서, 그리고 몇몇 분은 실제로도 경험해 보신 적이 있을 것입니다. 퇴근 후에도 업무 지시를 '무한정으로 할 수 있는' 유혹이 있는 것입니다. 스마트폰은 집에서도 언제나 휴대하고 있기 때문에 연락하면 닿을 것이라는 확신이 있어서 더욱 이런 행위가 유발되는 것일 수 있습니다. 말씀 드린 것처럼 디지털 문자 앱들은 우리를 디지털화시켜 마치 대화 대상의 바로 옆에 있는 것처럼 우리를 순간 이동시킬 수 있습니다. 바로 옆에 있는 사람에게는 말을 쉽게 걸 수 있지 않습니까? 거리 감이 느껴지는 대상에게 우리는 말을 잘 걸지 않습니다. 스마트폰은 '거리감'을 크게 줄여 놓았습니다. 즉, 스마트폰을 열고 터치만 하면 진입할 수 있는 대화방들은 '거리감'이 잘 느껴지지 않습니다. 모두가 거리감 없이 대화할 수 있는 환경은 절제력이 더해진다면 이보다 편리하고 효율적인 것이 없다고 느끼겠지만, 그 반대의 경 우에는 과잉이 자랄 수 있는 최고의 토양이 되기도 합니다.

스마트폰은 전형적인 '할 수 있음'의 도구입니다. 보통의 도구들 은 몇 가지 기능만 가능하기 때문에 자신의 기능이 발휘되지 않는 경우엔 전혀 사용되지 않고 지정된 위치에 보관됩니다. 반면에 스 마트폰은 전화라는 필수 기능을 토대로 점점 더 많은 기능을 하고 있으며 이로 인해 점점 더 손에 붙어 다닙니다. 메시징이나 SNS 등 은 물론이고 이제는 은행 업무와 송금도 스마트폰으로 해야 합니 다. 『피로사회』에 언급된 '무한정으로 할 수 있음'은 정확히 스마트 폰을 지칭하는 듯합니다. 어쩌면 휴대하며 사용하는 성과 도구는 성과 사회가 필연적으로 발명할 수밖에 없었던 도구였는지도 모릅니다. 그렇기에 이제 스마트폰은 '무한정으로 할 수 있음'에서 한 발자국 더 나아갑니다. '언제든지'와 '어디서든지'를 앞에 붙임으로써 말입니다. '언제든지, 어디서든지 무한정 할 수 있음'을 가능케 해 주는 것이 스마트폰입니다. 실제 기능적으로도 이는 맞는 말이 되었고 그렇기에 이제는 보기만 해도 '무언가를 할 수 있다'를 떠올리게 해 주는 상징적인 의미도 부여받았습니다. 스마트폰만 손에 쥐어져 있으면 우리는 지루함을 피할 수 있고 비생산성을 피할 수 있다는 '확신'이 생겼습니다. 이 확신은 우리 의식의 기본값이기 때문에 평소에 의식적으로 생각하지는 않습니다. 별생각 없이 짬이 나면 스마트폰의 화면을 확인하는 자동적인 행동에서 그 신념이 존재한다는 것을 엿볼 수 있을 뿐입니다. 배터리와 와이파이가 없을 때 —그런 경우는 더욱더 줄어들겠지만 말입니다— 느껴지는 불편함 또한 또 다른 증거입니다. 5G와 무선 충전 기술의 지속적인 발전은 이런 불편함을 덜어내는 역할을 합니다. 스마트폰은 '긍정성의 과잉'을 담는 그릇이자 가장 적합한 상징이 됩니다. 제4차 산업 시대의 젖줄이 바로 우리 손안에 있습니다.

이런 점에서 스마트폰은 자기 착취적 성과 추구를 도울 수 있는 강력한 도구입니다. 이론상으로는 이 도구로 수없이 많은 대화창을 띄워서 고객이나 비즈니스 거래를 위한 대화를 진행할 수 있으며 수백 개의 쇼핑 제품의 가격을 비교할 수 있습니다. 할 일과 메모 기록도 용량을 워낙 적게 차지해서 이제는 제한 없이 저장할 수 있는 수준입니다. 게임은 이제 구독의 시대로 진입해서 곧 뷔페처럼 즐기는 시대가 바로 문 앞에 다가와 있습니다. 음악은 이미 구독 서비스로 정착된 지 상당 기간이 지났습니다. 몇몇 할 일 관리 앱들과 메모 앱들도 구독 서비스로 전환한 지 꽤 되었습니다. 사회 관계망 서비스에 올라오는 어마어마한 양의 그림과 글들 그리고 쉽게 팔로우하고 언팔로우할 수 있는 디지털 관계들 등은 지금도 우리가 겪는 현실입니다. 이 도구를 어떤 목적을 가지고 어떻게 사용하느냐에 따라서 긍정의 방향이든, 부정의 방향이든 뛰어난 성과로 이어질 수 있습니다. 매우 예리한 양날의 검인 것입니다.

□ 건강한 중독?

그런데 혹시 건강한 중독도 존재할 수 있을까요? "공부에 중독되는 것은 좋은 중독이다."라는 말을 어릴 적에 들어본 적이 있습니다. 모범적인 학생은 아니었던 저에게는 결코 이해하지 못할 저세상 이야기로 들렸습니다. 하지만 시간이 흘러서 저는 책을 사랑하는 사람이 됐습니다. 그 맛을 본 것이죠. 이 책을 쓸 때도 저는 몰입의 경험을 여러 번 했고 밤낮으로 책의 내용이 떠올라 밤에 잠이 안 오는 경우도 있었습니다. 책을 빨리 완성해서 이런 상태를 벗어나고 싶었습니다. 이 정도면 중독일까요? 읽었던 내용이 머릿속에서 서로 만나고 이가 맞아들어갈 때는 어떤 쾌감이 있습니다. 마치 시계 속에 있는 여러 다양한 크기의 톱니바퀴의 이가 맞춰져서 결국 시계가 작동하는 것과 비슷한 과정입니다. 이런 중독이라면 책을 쓰는 데 분명 도움이 될 것입니다. 하지만 분명 이는 중독과 유사하며 이로 인해 저는 3살, 6살의 아이들을 돌보는 데 소홀해지기 쉬워졌었습니다. 저녁 시간에 아이들과 놀다가도 책의 내용이 떠올라서 멍하니 앉아있는 경우도 생겼습니다. 그리고 서둘러 일어서서 메모하는 시간도 가졌었습니다. 때로는 이렇게 하는 게 도움이 될지 모르겠지만, 이런 일이 빈번해지면 아이들은 제가 몸이 그곳에 있어도 영혼은 다른 곳에 있는 것처럼 느끼게 되고 저와 거리감을 느끼게 될 것 같습니다. 그리고 저는 더 쉽게 아이들에게 태블릿 PC를 쥐여주게 될지도 모릅니다. 그렇게 하면 아이들이 조용해져서 저는 책의 내용을 생각할 수 있을 테니까요. '이런 생각까지 하게 되는 것을 보면 확실히 일 중독의 문턱에 서 있었구나.' 하고 생각하게 됩니다. 저는 곧 종이 수첩에 퇴근 후부터 저녁 9시까지는 스마트폰 사용을 금지하자는 다짐을 기록하고 수시로 상기하기 시작했습니다. 하지만 이 다짐은 지키기 쉽지 않아서 상당히 장기간 제 수첩에 있게 될 것 같습니다.

즉, 중독이 낳는 유용한 결과는 있다 하더라도 중독의 폐해는 생깁니다. 그러므로 저는 건강한 중독은 존재하지 않는다는 결론을 내렸습니다. 일시적으로 이런 상태로 일을 해나가야 할 때도 있을지 모르겠지만, 적어도 이런 중독적 활동의 피해를 인식하고 일을 마무리한 이후에는 이를 회복하기 위해서도 노력하는 것이 필요하겠습니다.

□ 변검술사 스마트폰

스마트폰을 건강 식단이 가득한 뷔페로 만드는 것은 중독적 사용에 대항하는 첫걸음입니다. 하지만 이것만으로는 승리를 보장하기 힘듭니다. 왜냐하면 이 디지털 건강 식단들은 스마트폰 안에 존재하며 이에 접근하기 위해서는 어떻게든 디지털 세계로의 문을 열고 방에 들어가야 하기 때문입니다. 오로지 건강 식단에만 마음을 집중하지 않는다면 문을 여는 순간 우리는 수십 가지 음식들의 냄새에 정신이 혼미해질 겁니다. 그러다가 자칫하면 '어떤 새로운 것이 있을까?' 하며 뷔페를 한 바퀴 돌아보게 될 수도 있습니다. 그러면 온갖 것이 우리의 욕망을 자극합니다. 그리고 이 음식을 이미 먹어 본 이들의 수많은 후기도 가는 곳마다 볼 수 있습니다(진짜인지, 가짜인지는 모르겠지만요). 디지털 뷔페로 비유할 수 있는 스마트폰 또한 잠금 해제하는 순간부터 우리가 설치한 앱들이 보이거나 또는 여러 가지 이름의 폴더들을 보게 됩니다. 관심이 없다가도 갑자기 눈에 보이는 앱들이 상기시켜 주는 활동들이 자연적으로 떠올라서 '갑자기' 앱을 실행하고 싶은 욕구가 생기기도 합니다. 또는 스마트폰을 열기 전에 하고 싶어 했던 다른 여러 활동과 관련된 앱들이 빠르게 머릿속을 스칠 수도 있습니다. 그리고 앱스토어는 언제나 새로운 앱들이 등록되는 곳입니다. 예상치 못한 즐거움에 대한 기대감을 높이기에 충분한 거대한 장터, 쇼핑몰이라고 할 수 있습니다. 딱히 살 것이 없어도 그저 둘러보고 싶은 충동이 드는 그런 곳 말입니다.

그래서 스마트폰은 정체성이 묘한 물건 중의 하나입니다. 하루는 텔레비전 예능에서 중국에 여행간 것을 본 적이 있습니다. 거기서 가면을 재빠르게 바꾸는 공연을 하더군요. '변검(⊠⊠)'이라고 부르는 공연인데 화려한 옷을 입고 나온 연기자가 여러 개의 가면을 쓰고 순식간에 그 가면을 바꾸는 방식으로 진행됩니다. 그런데 가면을 바꾸는 속도가 매우 빨라서 마치 스마트폰 앱을 전환하는 것만큼 순식간에 바꿉니다. 그리고 가면의 생김새도 각각 매우 달라서 마치 순식간에 다른 사람이 된 듯합니다. 마치 여러 개의 정체성을 가진 존재로 느껴집니다.

스마트폰도 이와 유사합니다. 스마트폰인지, 아닌지는 겉모습으로 쉽게 판단할 수 있는 편입니다만, 스마트폰의 진짜 정체성은 사용자가 사용하는 앱에 따라서 바뀝니다. 그 예로, 사용자가 주로 메모 앱을 사용한다면 스마트폰은 휴대용 메모 도구입니다. 게임을 주로 한다면 휴대용 게임 도구입니다. 앱의 내용에 따라서 정체성이 바뀐다는 점이 변검의 주인공과 비슷합니다. 즉, 스마트폰은 사용자의 욕구에 따라서 여러 정체성을 가질 수 있는 도구 중의 하나입니다.

스마트폰은 누워서든, 걸어가고 있든, 잠깐 서 있든, 카페에서 앞에 있는 누군가와 이야기하는 중이든, 잠금이 풀리기만 하면 터치 한두 번으로 앱과 화면을 바꿀 수 있습니다. 컴퓨터 이외의 다른 도구들, 예를 들면, 펜, 종이 메모, 식칼, 접시, 수납장 등은 모두 한 가지의 물리적 형태만을 가집니다. 즉, 오직 하나의 얼굴만을 가집니다. 이런 아날로그 도구들은 대표적인 용도들도 몇 가지 안 됩니다. 펜은 글이나 그림을 종이에 쓸 수 있습니다. 수납장은 물건들을 담아놓는 역할을 합니다. 자전거는 이동을 위해서 사용합니다. 이로 인해 하나의 물리적 형태와 소수의 기능들이 우리들의 머릿속에서 연결되는 연상 작용이 일어납니다. 그래서 우리는 펜을 보면 글 쓰는 것 또는 그림을 그리는 것을 쉽게 떠올립니다. 지갑을 보면 돈이나 카드를 떠올리며 마우스를 보면 클릭을 떠올립니다. 이런 연상 작업이 반복되면 이후에는 '아무 생각 없이 그냥' 마우스 버튼을 클릭하거나 펜으로 빈 종이에 낙서 등을 끼적거리기도 합니다. 이는 우리 뇌가 자동 시스템화된 것으로 이는 숙고 시스템을 통해서 매우 반복적으로 훈련된 결과입니다.

우리가 다루는 대부분의 도구는 수행할 수 있는 기능이 몇 가지 안 됩니다. 그리고 스크린과는 달리 그 모습과 얼굴을 바꾸지도 못합니다. 그래서 그 물건을 보는 즉시 노력하지 않더라도 그 도구로 무엇을 할 수 있는지 은연중에 알고 있습니다. 이런 정신 작용은 매우 빠르고 자동적이어서 마치 그 물건이 우리에게 자신을 알리는 듯한 느낌도 듭니다. 즉, 펜이 언제나 보이는 곳에 놓여 있다면 펜으로 글을 쓰거나 그림을 그리고 싶다는 생각이 들기 쉽습니다. 펜은 그것밖에 못 하기 때문입니다. 그래서 회의나 강의 시간에 지루해지면 책상 위에 올려져 있는 펜을 보고서는 그것을 들고 책이나 노트의 빈칸에 낙서하기 쉽습니다. 이런 자동적인 연상 작용은 의식하기는 어렵지만, 만약 어떤 사람이 특정 도구를 그 용도에 맞지 않게 사용하는 모습을 보면 그때야 우리는 이 연결고리를 의식하게 됩니다. 제가 어릴 적에는 중국 무협 영화의 인기가 대단했습니다. 아직까지 기억나는 영화의 한 장면은 무림의 고수가 젓가락으로 적을 제압하는 장면입니다. 젓가락은 밥을 먹을 때 사용하는 것인데 무기가 될 수 있다는 생각이 참신했나 봅니다. 즉, 젓가락의 일반적인 용도를 벗어났을 때 우리는 그것을 빠르게 눈치챕니다.

하지만 스마트폰의 물리적인 실체는 여러 사람에게 한 가지 기능으로만 연상되지 않습니다. 그뿐만 아니라 한 사람에게도 시기에 따라서 한 가지 기능으로 연상되지 않습니다. 어떤 사람에게 스마트폰이란 SNS 도구이며 다른 사람에게는 게임 도구일 수 있습니다. 10대의 나에게 스마트폰은 친구들과 연결해 주는 대화 도구였지만, 30대가 된 나에게 스마트폰은 업무 도구일 수 있습니다. 스마트폰 등장 초기에는 전화기라는 정체성이 여전히 위세를 떨쳤지만, 지금은 다소 약화됐습니다. 오히려 너무나 당연한 것이 되어서 우리의 의식에 특별히 떠오르지 않는다는 것이 더 정확하겠습니다. 반면에 SNS 도구, 문자 도구, 쇼핑 도구, 게임 도구로써의 정체성은 강세를 떨치고 있습니다. 굳이 이를 모두 포함하는 정체성에 이름을 지어 주자면 다용도 도구라고 할 수 있습니다. 여러 가지 기능을 할 수 있으니까요. 하지만 이런 정체성에 꼭 따라오는 또 다른 정체성이 있습니다. 욕망 투영 도구로써의 정체성입니다.

앞서 욕망 증폭 도구로써의 스마트폰이 욕망을 자극하는 역할을 했다면 욕망 투영 도구로써의 스마트폰은 이용자의 가장 강렬한 욕망이 현재 시점에서 무엇이냐에 따라 카멜레온과 같이 자신의 '진짜' 정체성을 바꾸는 특징을 가지고 있습니다. 제가 쇼핑 중독에 빠졌다면 스마트폰은 쇼핑 도구이며 게임에 빠졌다면 게임 도구입니다. 제가 글쓰기와 메모에 빠졌다면 글쓰기 도구입니다. 그리고 이는 꼭 100% 글쓰기 도구임을 의미하는 것도 아닙니다. 80% 정도는 글쓰기 도구이며 10%는 메시징 도구, 10%는 게임 도구일 수도 있습니다. 스마트폰을 쳐다볼 때 마음속의 가장 강렬한 욕구가 스마트폰의 정체성을 결정하는 것입니다.

그러므로 스마트폰이라는 물리적 형태는 항상 건강 식단만을 상기시켜 주지 못합니다. 제가 건강 식단에 관심이 있을 때만 상기시켜 줄 수 있습니다. 이는 '물리적 상기 능력'과 연관된 주제로 잠시 뒤에 좀 더 집중적으로 다루어보겠습니다.

저는 이루고 싶은 목표나 기르고 싶은 직업적 역량, 가지고 싶은 습관과 끊고 싶은 습관 등을 기록하고 이를 주기적으로 확인하는 습관을 길러 왔습니다. 처음에는 종이에 기록했지만, 스마트폰의 메모 앱이 등장하면서부터는 디지털 기록을 활용해 왔습니다. 하지만 프롤로그에서 언급했던 것처럼 갈수록 중요한 몇 가지 목표와 다짐의 양이 늘어나서 관리하기가 어려워졌으며 그 내용들이 기억에서 흐릿해졌습니다. 그럴 때마다 다시 메모 앱의 폴더 안에 들어가 그 내용들을 보면 되긴 했지만, 그러는 와중에 다른 앱을 켜거나 다른 할 일이 생각나 집중하기 어려운 경우가 잦았습니다. 일단 스마트폰을 켜면 다양한 알림과 하고 싶었던 일들이 기억나기 마련이었습니다.

그래서 저는 다시 종이를 꺼내 들었습니다. 역설적이게도 디지털 세계에 푹 빠졌었기 때문에 종이의 장점이 새롭게 인식되기 시작했습니다. 종이 기록은 기록을 펼쳐본다고 해서 다른 앱들을 보게 될 위험이 없습니다. 빛 없이는 사라져 버리는 디지털 기록들과는 다르게 언제나 종이 위에 존재하는 기록은 현실 세계 속에서 확실한 존재감을 가지고 있습니다. 그리고 종이 뭉치의 존재를 보는 것만으로도 오직 나만의 중요한 몇 가지가 그 속에 있다는 것만을 상기시켜 줍니다. 한 가지 물리적 실체와 한 가지 내용이 일대일로 연결됩니다. 마지막으로, 스마트폰이 수많은 기업과 다른 사람들의 생각을 나의 삶에 끌고 들어올 수 있는 도구라면, 종이는 온전히 나의 결정에 의해서만 채워지는 도구입니다. 종이가 통제 주체인 나를 더 잘 따른다면 종이야말로 스마트폰을 다스리는 데 적격인 휴대 정보 도구 아닐까요?

04
종이 메모의 반격

"종이의 반격은 아날로그 기술이 특정 영역의 아주 실용적인 수준에서는 디지털 기술보다 더 뛰어날 수 있음을 보여 준다. 디지털 커뮤니케이션이 시작되면서 어떤 영역에서는 종이 사용이 줄었지만, 그 외의 목적과 용도로는 종이의 감성적, 기능적, 경제적 가치가 증가했다. 종이의 전체적인 사용은 줄었을지 몰라도 특정 영역에서는 종이의 가치가 더욱 올라갔다."

– 『아날로그의 반격』, 데이비드 색스

○

아날로그 감성이란 말을 자주 듣습니다. 종이 노트, 만년필, 레코드판 등 디지털 시대에 사라지리라 생각했던 현실 세계의 물체들이 다시금 수면 위로 떠오르며 아날로그 감성, 옛 향수를 고객들에게 다시금 가져다주고 있습니다. 하지만 과연 이런 도구들이 다시 나타나는 것은 그저 '감성'적인 트랜드일 뿐일까요?

저는 이 책에서 종이의 기능적, 실용적 가치를 부각시켜 보겠습니다.

□ 종이 메모 다시 보기

6년간의 첫 직장 생활을 하기 전부터 저는 종이 기록을 이미 떠났었습니다. 직장 생활을 하는 동안에 저는 소위 말하는 '스마트 워커' 되기에 열광했었습니다. 하지만 디지털 전환 후 어딘가 불편한 점이 있었습니다. 잠깐 제 이야기를 들려드리겠습니다.

저는 장애인 직업 능력 평가라는 직무를 6년 동안 했었습니다. 주로 상담과 직업 능력 검사를 실시했었는데 이때 중요한 것은 역시 기록이었습니다. 상담과 검사가 2~3시간 이상 이뤄지기 때문에 나중에 상담지와 소견서를 쓰기 위해서는 기록이 아주 중요합니다. 일할수록 기록을 좋아하던 저에게 참 잘 맞는 일이었다는 생각이 들었습니다.

저는 이 과정도 디지털화하고 싶었고 당시 디지털 펜을 사용할 수 있는 태블릿 PC로 상담 메모를 써 보기 시작했습니다. 사용하는 종이가 줄어서 좋았지만, 시간이 지나자 문제점이 드러나기 시작했습니다.

일단 태블릿의 배터리를 잘 관리해야 했습니다. 태블릿은 이 일에만 사용하는 것이 아니라 다른 일에도 제가 사용하는 기기였고 스마트폰 충전과 더불어서 필수적으로 언제나 신경 써야 하는 일이 되어 버렸습니다. 반면에 종이는 보관만 잘해두면 언제나 준비되어 있었습니다.

또 다른 문제로는 메모를 잠깐 하지 않는 동안에 태블릿 화면이 잠자기 모드로 꺼지는 것이었습니다. 물론 설정으로 화면이 오랜 시간 동안 켜져 있는 상태로 바꿀 수 있지만, 이런 경우 사용 후 화면 잠금을 꼭 하는 것에 또 신경이 쓰입니다. 게다가 화면을 켰어도 제스쳐 실수로 펜의 색이 선택된다거나 홈 화면으로 빠져나가는 경우도 생깁니다. 다음 페이지로 넘기기 위해서 넘기기 버튼을 찾아내야 하고 잘못 누르면 또 텍스트 입력 커서가 생성되어버리는 경우도 있습니다. 급한 상황에서 태블릿의 잠금 화면이나 다른 펜이 선택되는 것까지 신경 써야 하는 건 큰 스트레스였습니다. 아무래도 종이처럼 신경 쓸 것 없이 자유롭게 조작하기 어렵다는 것이 큰 단점으로 드러난 경험이었습니다. 그래서 종이 검사지를 다시 썼더니 그렇게 안정감이 느껴질 수가 없었습니다. 볼펜을 들어서 쓰기만 하면 됩니다. 잘못 건드려서 책상에서 바닥으로 종이가 떨어져도 망가질 걱정할 필요가 없습니다. 배터리를 관리해 줘야 할 필요도 없습니다. 종이는 언제든 그곳에 제가 쌓아놓은 순서대로 있으며 살짝 잘못 건드린다고 해서 그 형체가 사라지거나 수정되지도 않습니다. 저는 이때 물리적 실재의 든든함을 경험했습니다.

저의 부모님은 아직 스마트폰 환경에 완전히 발을 담그지 않으셔서 이 기분을 이해하기 어려우실 수 있습니다. 왜냐하면 그분들께는 종이의 이런 실재성은 숨 쉬는 공기와 같이 당연한 것이기 때문입니다. 디지털 종이의 장단점을 느껴 보지 않으셨기 때문에 비교하기 어려우실 겁니다. 공기를 낯설고 신기하며 소중한 것으로 여기기 위해서는 공기의 결핍을 실제로 (안전하게!) 경험해 보는 것이 도움이 됩니다. 예를 들면 스킨스쿠버를 하거나 우주에 다녀와 본 이들이 공기의 소중함을 더 알기 쉽지 않을까요.

하지만 저는 이것이 단지 제 직무의 특성상 발생한 것인지, 만약 그렇더라도 이런 종이 메모의 특징이 일반적인 상황, 즉 스마트폰의 과도한 사용을 통제하는 데 어떻게 활용될 수 있을지 등을 좀 더 구체적으로 알아보아야겠다는 생각이 들었습니다. 앞서 언급한 종이의 장점 몇 가지를 잠깐 정리해 보고 다음 장으로 넘어가겠습니다.

① 다른 기능이 전혀 없어서 집중하기 좋다.
② 네트워크에 연결되어 있어서 문자 메시지 알림, 전화 등이 올 것을 걱정할 필요가 없다.
③ 배터리가 필요 없어서 따로 관리하지 않아도 되고 잠깐 놔둔다고 해도 화면이 자동 잠금이 되지 않고 항상 준비되어 있다.
④ 떨어뜨려서 고장이 날 걱정이 없고 마음대로 그리고 쓸 수 있다.

⑤ 화면을 잘못 터치해서 글이 전체가 다 지워져서 실행 취소를 해야 하는 것을 걱정할 필요가 없다.

이 장점들은 스마트폰과 대조되어서 드러난 것들입니다. 즉, 스마트폰이 이런 방식으로 발명되고 대중화되지 않았다면 종이의 이런 장점들이 부각되지 않았을 것입니다. 종이만을 정보 기록 도구로써 사용하는 세대에게 이런 종이의 특성은 매우 당연한 것이기 때문입니다. 디지털 문자는 도리어 종이 문자에 새로운 가치를 부여하고 있습니다. 최근 '아날로그 감성'이 부상하는 것도 비슷한 이치가 아닐까 합니다. 디지털 세계가 도리어 아날로그 세계를 새롭게 조명하는 것입니다. 이런 점에서 종이에 대한 새로운 가치 부여는 역설적으로 매우 디지털 트랜드적인 것이라고도 할 수 있습니다.

□ 디지털 트랜드로서의 종이

최근의 디지털 트랜드 중에 특히 스마트폰과 더불어 부각되는 것이 인공지능입니다. 디지털 뇌라고도 할 수 있는데 인간의 뇌는 점점 더 이것에 의존해 가고 있습니다. 이 현상이 가속된다면 인공지능에 의해 인간이 대체되는 상황이 벌어질지도 모를 일입니다. 이를 피하기 위해서는 우리 자신의 뇌를 창조적으로 활용할 수 있도록 훈련하여 디지털 뇌의 개발 방향을 제안할 수 있는 인재가 되어야 합니다. 『에이트: 인공지능에게 대체되지 않는 나를 만드는 법』의 저자 이지성에 따르면 이를 위한 첫 번째 단계는 IT 기기를 차단하는 능력을 기르는 것입니다. 그는 이에 관한 설명 중에 IT 기기의 원산지이자 디지털 트랜드 세터라고 할 수 있는 실리콘밸리의 학교와 가정의 풍경을 묘사했는데, 저는 여기서 종이가 눈에 띄었습니다. 종이가 등장하는 장면에 제가 두꺼운 글체로 표기를 좀 해 봤습니다.

> "2011년 10월의 일이다. 〈뉴욕타임스〉에서 구글, 애플, 마이크로소프트, 인텔, IBM, HP 같은 IT 기업의 회장, 사장, 부사장 등 고위급 임원의 자녀들이 다니는 실리콘밸리의 유명 사립 학교 '페닌슐라'를 취재한 기사를 내보냈다. 이로 인해 미국인들은 인공지능의 메카라고도 불리는 실리콘밸리에서 이루어지고 있는 '다른' 교육의 실체를 알게 되었다.
>
> 놀랍게도 최첨단 IT 기기로 가득할 것 같았던 이 학교는 IT 기기가 한 대도 없었다. 심지어 학생들은 인터넷 사용법도 잘 몰랐다. 대신 이 학교는 컴퓨터가 발명되기 이전 형태의 교실을 운영하고 있었다. 교사는 칠판 앞에서 분필을 들고 가르치고 있었고, **아이들은 종이책과 종이 노트로 공부하고 있었다.**"
>
> - 『에이트: 인공지능에게 대체되지 않는 나를 만드는 법』, 이지성

실리콘밸리의 아이들은 인공지능의 노예가 아니라 주인이 되기 위해 아날로그적 문화 속에서 자신 안의 컴퓨터, 즉 뇌를 다루는 훈련을 받고 있다고 합니다. 그리고 이 문화에서 종이도 한자리를

차지하고 있습니다. 칠판과 분필, 종이에 특별한 힘이 있기 때문일까요? 사실 그 반대입니다. 노트, 책, 칠판 등은 어마어마한 연산 능력이나 네트워크 능력이 아예 없습니다. 이런 환경에서는 스마트폰이 과열되는 것이 아니라 우리의 뇌가 활성화됩니다. 즉, IT 기기를 차단하는 도구 중 하나로써 종이를 활용하는 것은 상당히 디지털 트랜드적인 것입니다.

저자는 실리콘밸리의 아이들뿐만 아니라 어른들의 일상도 묘사합니다.

> "페이스북 공동 창업자 숀 파커는 IT 기기를 사용하지 않는 것은 물론이고 페이스북을 비롯해 그 어떤 SNS도 하지 않는다. 트위터와 블로그의 공동 창업자 에번 윌리엄스는 집에 IT 기기가 아예 없다. 대신 책으로 가득한, 거대한 서재가 있다. 실리콘밸리의 기업들은 임직원들의 공감 능력과 창조적 상상력을 위해 디지털을 차단하고 아날로그를 추구하는 문화를 가지고 있다."

> "실리콘밸리 사람들은 인공지능의 창조자다. 아마도 그들은 인공지능에게 대체되는 일이 거의 없을 것이다. 인공지능의 주인이 되는 일은 많겠지만 말이다. 이런 그들조차 인공지능 시대를 대비해서 IT 기기를 차단하고 아날로그적 삶을 사는 문화를 만들었다. 가정과 학교에서 IT 기기를 일절 허락하지 않고, 기업에서는 불편하기 짝이 없는 종이 수첩을 들고 다니고, 무선 신호가 잡히지 않는 회의실을 만들고, 원격 근무를 금지하는 사내 문화를 만들고, 활판 인쇄소까지 운영하고 있다."
> ―『에이트: 인공지능에게 대체되지 않는 나를 만드는 법』, 이지성

어른들도 '불편하기 짝이 없는 종이 수첩'을 들고 다닌다고 합니다. 그리고 약간 길지만 조금 더 읽어봅시다. 다음의 예측은 꽤 섬뜩합니다. 본서 3장, '스마트폰과 중독'이 떠오르는 단락들입니다.

> "'IT 기기를 차단하는 능력을 갖지 못한 사람들은 결국 IT 기기에 중독된다. 중독은 종속을 의미한다. 인공지능은 지금의 IT 기기보다 적게는 몇백 배, 많게는 수천, 수만 배의 중독성을 가질 것이다. IT 기기를 차단하는 능력을 갖지 못한 사람들은 인공지능도 차단하지 못할 것이고 마약 이상으로 중독될 것이다. 즉, 현재 IT 기기에 중독되어 있는 사람들은 인공지능 시대가 열리자마자 인공지능의 노예로 전락할 것이다. 그것도 자발적으로 말이다. 반면 IT 기기를 차단할 줄 아는 사람들은 IT 기기를 접촉할 시간에 독서와 사색을 하고 예술과 자연을 접하고 다른 사람들과 진실하게 교류하면서 자기 안의 인간성과 창조성을 발견하고 강화해 갈 것이다. 그런데 이런 능력을 가진 사람은 IT 시대인 지금도 거의 찾아볼 수 없지만, 인공지능 시대에는 더 찾아보기 힘들 것이다. 그 때문에 이런 사람들은 인공지능 시대에 저절로 리더가 된다. 디지털이 아날로그를 흉내 낸 것에 불과하듯이 인공지능은 인간을 흉내 낸 것에 불과하다. 인공지능은 기계에 종속되어 인간 고유의 능력인 공감 능력과 창조적 상상력을 상실한 사람은 얼마든지 대체할 수 있지만, 그 반대인 사람은 절대로 대체할 수 없다. 우리가 '컴퓨터를 꺼라. 스마트폰을 꺼라. 그러면 주위에 사람들이 있다는 사실을 알게 된다.'라는 구호를 외치면서 IT 기기를 차단하는 문화를 만든 이유다."
>
> - 『에이트: 인공지능에게 대체되지 않는 나를 만드는 법』, 이지성

여기서도 역설이 작동합니다. IT 기기를 창조해야 하는 이들에게는 IT 기기를 차단할 수 있는 능력이 필요합니다. 차단한다는 말이 이 기기들을 아예 접하지도 않고 배우지도 않는다는 것을 의미하는 것이 아닙니다. 성인이 될 때쯤이면 아이들도 IT 기기를 받는다고 합니다. 하지만 소비자가 아니라 창작자의 관점에서 도구들을 대하도록 한다고 합니다.

> "실리콘밸리가 추구하고 있는 인공지능에게 대체되지 않는 나를 만드는 법(나를 인공지능의 주인으로 만드는 법)은 다음의 두 가지로 정리된다.
>
> ① '인공지능(IT 기기)을 차단하는 능력을 가진 나'를 만든다.
> ② '새로운 인공지능(IT 기기)을 창조할 수 있는 능력을 가진 나'를 만든다."
>
> - 『에이트: 인공지능에게 대체되지 않는 나를 만드는 법』, 이지성

디지털 세계를 창조해 나가기 위해서는 아날로그적인 여백의 시간, 즉 차분하게 생각하며 기존의 정보들을 재배열하며 융합하는 기간이 필요합니다. 그리고 이를 위해서 IT 기기를 잠시 차단할 필요가 있다는 것입니다. 우리 모두가 IT 기기를 창조하고 앱과 콘텐츠를 만드는 사람이 되진 않을 것입니다. 하지만 모두가 IT 기기를 매우 높은 확률로 접하고 참여하게 될 가능성이 큽니다. 그렇다면 창의적인 소비자로서 우리는 디지털 세계의 콘텐츠, 인공지능 등의 활용 방향을 제대로 평가할 수 있어야 합니다. 쉬운 예로 SNS의

지나친 활용을 자제한다면 반대로 SNS가 개인적으로, 사회적으로 어떤 순기능을 할 수 있는지를 고민할 수 있는 소비자가 되어야 하겠습니다. 순기능에 지나치게 방해가 되는 수준으로 중독성이 짙은 시스템이 나타날 때는 눈치채고 반대할 수도 있어야 하겠습니다. 지인들과 아날로그 세계에서도 더욱더 끈끈한 유대를 이어가기 위해서 SNS를 활용하는 방법에는 어떤 것이 있을까요? SNS는 하루에 몇 분 정도 이용하는 것이 건강한 디지털 도구 활용이라고 할 수 있을까요? 이런 이야기부터 SNS상의 다수의 사람과 논의해 보는 것이 그 시작일 수도 있겠습니다. 저는 # digital detox라는 해시태그를 인스타그램에서 팔로우하고 있습니다. 때로는 주제와 관련 없는 내용이 올라오기도 하지만, 책을 쓰는 데 필요한 좋은 내용을 발견한 적도 있고 별생각 없이 지나치게 SNS를 많이 이용했을 때는 뜨끔할 만한 조언도 읽은 적이 있습니다.

저는 이 책에서 종이를 활용하여 IT 기기를 잠시 차단하고 이를 더 목적에 맞게 활용할 수 있는 방법을 제안해드릴 것입니다. 실리콘밸리의 사람들이 IT 기기를 차단하고 이를 창조하는 방법을 고민하듯이 말입니다.

종이는 IT 기기를 차단하는 기능 외에도 다른 장점을 가지고 있습니다. 특히 디지털 기록 도구와 차별화되는, 제가 생각하는 큰 장점을 소개해드리겠습니다.

□ 물리적 존재감

종이 기록은 디지털 기록과는 다르게 물리적인 존재입니다. 기록된 종이는 모양, 무게 그리고 위치를 가집니다. 반면에 디지털 기록들은 스마트폰의 화면이 꺼지면 오직 메모리 속의 비트(bit)로만 존재합니다. 즉, 모양과 무게 그리고 위치를 상실합니다. 존재한다는 느낌이 사라집니다. 물론 자료들이 삭제되지 않았다는 사실을 우리는 확고하게 믿고 알고 있습니다. 제가 말하는 것은 '느낌', '감'입니다. 물리적인 인간이 어떤 물건이 존재한다는 것을 느끼기 위해서는 무게감, 촉감 등을 통해서 확인하는 것이 필요합니다. 인간은 아기일 때부터 이 방법으로 주위 사물의 존재 여부를 알아차리는 법을 배우면서 성장합니다. 좀 더 자라면 무언가에 물체가 가려져 있더라도 그것이 여전히 존재한다는 것을 알고 느끼게 됩니다. 이것을 물리적인 존재감이라고 부를 수 있겠습니다.

디지털 메모는 아무리 많이 쓴다고 해도 스마트폰이 더 두꺼워지거나 더 무거워지지 않으며 저장 공간을 의미하는 수치만 약간 바뀝니다(물론 이것도 설정의 어떤 위치를 열심히 찾아야 볼 수 있는 숫자입니다). 저는 약 1만 개 정도의 디지털 메모를 가지고 있는데 만약 현실 속 종이로 기록했다면 상당히 무게가 나갔을 것 같습니다. 어마어마한 물리적 존재감을 지닌 것이 되었겠지요. 하지만 화면이 꺼진 디지털 세계 속에 있는 한 이 메모들의 물리적 존재감은 '0'입니다.

위치의 경우, 다시 메모 앱을 예로 들자면, 제가 정리한 디지털 폴더 속에, 정해진 위치에 제 글들이 있을 것입니다. 즉, 가상 세계 속의 위치는 존재합니다만, 물리적 세계 속에서는 존재하지 않는 위치입니다. 제가 메모 앱을 나가는 순간, 다른 앱으로 전환하는 순간, 화면 잠금을 하는 순간, 이 메모 글들은 물리적 세계 속의 좌표를 잃어버립니다. 더 이상 이 땅에 없는 존재가 되는 것이지요. 반면에 현실 세계의 메모 종이들은 제가 두는 곳에 자신만의 고유한 물리적 좌표를 가지게 되며 누군가가 옮기지 않는 이상에는 계속 그 공간을 차지합니다. 그리고 우리는 이 사실을 눈으로 보고 손으로 만지며 무게를 느껴서 알고 '느낄 수' 있습니다. 존재 '감'이 탄생하는 순간입니다. 물론 현실 세계의 물건들도 너무 많이 쌓여서 넘쳐나면 개별적으로는 존재감을 잃습니다. 하지만 그렇다 하더라도 물건들이 함께 공간을 차지하며 쌓여간다는 것 자체만으로도 '그곳에 무언가가 있다.'라는 존재감은 분명히 가집니다.

이처럼 디지털 메모들은 부피, 무게나 위치를 가지지 못하기 때문에 이것들이 실제로 존재한다는 느낌, 즉, 물리적 존재감이 약합니다. 다시 스마트폰을 켜서 메모 앱을 찾아서 특정 메모를 열기 전까지는 그 속의 디지털 기록들은 이 세상에 존재하지 않습니다. 마치 우리 뇌 속의 생각들이 존재하는 방식과 비슷합니다. 빨리 물리적 존재로 태어나게 해 주지 않으면 곧 휘발되어버립니다. 반면에 메모 뭉치는 책상 위에 올려놓기만 해도 자신의 존재감을 드러냅니다. 저는 이것을 물리적 존재감에 기반한 물리적 상기 능력이라고 부릅니다.

□ 물리적 상기 능력

물리적 존재들은 상기 능력을 갖추고 있습니다. 엄밀히 말하자면 인간이 가지고 있는 연상 능력이 하는 일이지만, 한두 가지 기능만을 가진 물건들은 특히 인간의 연상 능력을 더 잘 끌어냅니다. 그래서 마치 물건이 그런 능력을 발휘하는 것처럼 느껴집니다. 예로 종이 플래너는 그 존재 자체만으로도 계획하기, 할 일 등을 제게 상기시켜 줍니다. 플래너는 오직 계획하기를 위해 존재하며 오직 한 가지 물리적 실체만 가지기 때문입니다. 그래서 플래너의 외관을 쳐다보거나 만져보는 것으로도 우리는 계획하기라는 활동을 떠올리기 쉽습니다. 반면에 스마트폰을 쳐다본다고 해서 계획이나 일기 쓰기 등 소위 말하는 뷔페 안 '건강식품'에 속하는 앱들이 바로 떠오르지는 않습니다. 스마트폰에는 여러 가지가 담겨있고 여러 목적을 위해서 존재하기가 쉽기 때문입니다. 어쨌든 화면을 열고 들어가 첫 화면에서 생산성 앱들을 볼 경우 상기가 되긴합니다만, 쇼핑몰 앱이나 게임 앱, 뉴스 앱도 자신을 봐달라고 함께 소리칩니다. 메시지 앱이나 SNS 앱 귀퉁이에 표시되는 붉은색 알림 배지들이 먼저 눈에 띄기도 하고요. 그리고 심지어 무언가 하려고 스마트폰 잠금을 풀었는데 이내 곧 '내가 뭘 하려고 했더라?'라며 하려고 했던 일을 잊어버리는 빈도가 높아졌습니다. 그래서 이왕 스마트폰을 열고 들어간 김에 습관적으로 검색 포털을 기웃거리기도 합니다. '이러다 보면 생각나겠지…' 하는 희망이 있지만, 그런 희망은 자극적인 뉴스 기사 또는 이미지를 보는 순간 소멸됩니다.

하지만 종이 노트는 다릅니다. 한 가지 역할만 정해 놓은 노트는 자신의 물리적 존재 자체로 오직 그 일을 상기시켜 줍니다. 이 노트의 모양 그리고 색깔을 보면 저는 곧바로 이 노트로 무엇을 해야 할지를 알며 만약 나의 소중한 몇 가지 원칙이나 다짐, 사명이라는 높은 가치를 지닌 기록들을 품고 있다면 더욱더 쉽게 이를 상기할 수 있습니다. 실제로 저는 주머니에 넣을 수 있는 수첩을 사서 항상 가지고 다니며 이를 시도해 봤습니다. 한 가지 실체에 한 가지 역할만 부여하면 그 물체는 존재 자체만으로도 강력한 상기 능력을 갖추게 됩니다. 바닥의 끝이 보이지 않는 듯한 깊고도 시커먼 스마트폰의 화면과 세련된 고급 메탈 몸체만으로는 이루어 내기 어려운 일입니다.

□ 구독의 시대

구독 서비스가 더욱 증가하는 추세입니다. 과거에는 신문이나 잡지 등이 주요 구독 서비스들이었지만, 이제는 화장품, 의류, 게임, 음악 등 다양한 서비스들이 구독화되고 있습니다. 특히 최근에 애플 아케이드와 구글 플레이 패스는 월 6,000원 정도의 게임 구독 서비스를 시작했습니다. 메모 앱들도 구독 서비스를 활용합니다. 유명한 에버노트는 3가지 형태의 구독이 있습니다. 이 중 2가지는 유료입니다. 무료보다 업로드 저장 용량이 더 크고 활용할 수 있는 기능도 더 많습니다. 물론 스마트폰 자체 내장 메모 앱도 있기는 합니다. 구글의 경우에는 구글킵이라는 앱이 있고 삼성은 삼성 노트 또는 S노트라는 자체 메모 앱을 가지고 있습니다. 애플도 간결하게 '메모'라는 이름의 앱이 스마트폰에 기본적으로 설치되어 있습니다. 무료 앱이라고 해도 스마트폰은 사용한 지 5년 이상 지나면 매우 느려서 새것으로 바꿀 수밖에 없는 현실을 감안하면 5년짜리 구독 서비스라고 생각할 수도 있습니다. 이 앱들은 나의 소유인 것 같지만, 실제로 우리는 이 앱들을 임대한 것이나 마찬가지입니다. 만약 에버노트나 베어스 같은 애플이 아닌 회사의 메모 앱을 쓴다면 우리는 이중 임대를 한 것입니다.

이 거대한 디지털 임대업의 두 주인공은 구글과 애플입니다. 이들은 현재 디지털 세계의 광활한 땅을 소유하고 있습니다. 그리고 수많은 기업에게 디지털 땅을 임대해 주고 있으며 수많은 디지털 인류는 시공간을 뛰어넘어서 이 광활한 새 땅을 마음껏 즐기고 있습니다. 기업들은 자신들이 구입한 디지털 땅에 앱이라는 건물을 세우고 또다시 이 공간을 이용자들에게 임대해 주고 있습니다. 이것이 구독 서비스입니다.

이 임대 공간의 변화 주기는 현실 세계 임대 공간의 변화 주기보다 더 잦습니다. 비트(bit)의 변화하기 쉬운 특성, 이용자들의 욕구가 빠르게 상승하는 점 때문입니다. 이런 변화 시 기업은 최대한 이용자들의 욕구를 반영하기는 하지만, 모든 사람에게 맞출 수는 없습니다. 몇 개월 만에 앱의 외관이 변하고 정리 방법이 변합니다. 물론 크게 불편한 수준은 아니지만, 다시 적응해야 합니다. 그리고 어떤 경우에는 기업이 망하기도 합니다. 그럼 저는 쫓겨납니다. 다른 메모 앱으로 이사해야 합니다. 그리고 어떤 경우에는 처음 구매 시에는 일시불이었지만, 중간에 갑자기 구독 서비스로 전환하면서 월세로 변경되기도 합니다. 저는 실제로 좋아하던 글쓰기 앱을 5만 원 정도에 구입했다가 중간에 갑자기 구독 서비스로 전환하는 경험을 한 적이 있습니다. 개발자들이 양질의 앱을 지속해서 갱신하는 데 구독 서비스가 확실한 도움이 되는 것은 분명하지만, 이미 앱을 구입했던 저로서는 배신감을 느끼지 않을 수 없었습니다. 개발자 측에서는 1년 정도 할인된 구독료를 제안했지만, 저는 그 앱을 떠나기로 결정했습니다.

　제가 광적인 스마트 워커일 때는 구글이든, 애플이든 이들의 모든 서비스가 저는 온전히 저의 것이라고 착각했습니다. 뷔페 안에 너무 오래 있다 보니 뷔페에서 나오는 음식을 온전히 내 것으로 생각하게 되는 것과 비슷합니다. '뷔페에 돈 내고 들어가면 그 음식이 전부 다 내 것이 아닌가?' 하는 생각이 들 수도 있겠습니다. 하지만 만약 정말 그것이 사실이라면 저는 거기에 있는 모든 음식을 싸서 차에 실어 집으로 가져와도 되지 않나요? 온전히 저의 소유라면 저는 그것을 제 마음대로 처리할 수 있어야 합니다. 하지만 그렇게는 안 됩니다. 왜일까요? 실제로 우리가 구입한 것은 '그곳에 놓여 있는 음식을 정해진 장소 내에서 먹을 수 있는 권리'이지, 음식 자체가 아니기 때문입니다. 스마트폰도 마찬가지입니다. 스마트폰은 디지털 뷔페로 들어가는 일종의 티켓입니다. 놀이공원에 가면 손목에 종이 팔찌를 채워 줍니다. 그 티켓이 자유 이용권이면 마음껏 놀이기구를 탈 수 있죠. 손목의 티켓을 보여 준다면 말입니다. 매우 적절하게도 구글과 애플이 만든 디지털 세계를 생태계라고 부릅니다. 구글은 안드로이드 OS, 애플은 iOS이죠.

종이 메모는 구입하는 즉시 언제까지고 여러분만의 것입니다. 중간에 구독 서비스로 바뀔 일도 없습니다. 어떻게 꾸미고 어떻게 구조를 만들지도 다 여러분의 선택입니다. 무슨 내용을 쓰고 어떤 역할을 하게 할지도 모두 여러분에게 달렸습니다.

□ 진짜의 힘

이런 생각들이 조금씩 싹트기 시작할 무렵, 저는 흥미로운 취미 생활을 하나 시작했습니다. 만년필입니다. 디지털 생산성 도구에 한창 빠져있을 때 디지털 펜도 종류별로 거의 다 사용해 봤던 저로서는 만년필은 그야말로 신세계였습니다. 비트(Bit)로 만든 가짜 잉크가 아니라 진짜 잉크였습니다. 만년필을 쓰다가 잉크가 제 손에 묻어나는 것마저도 기분 좋은 경험으로 다가왔습니다. 기록과 관련해서는 마치 가상 세계에서 살다가 '현실 세계'를 새롭게 보게 되는 경험이었습니다. 예전 종이 시스템 다이어리 시절에는 전혀 의식하지 않던 물리적 실재의 특징들이 체감되었습니다. 수년간 각종 일기 앱으로 타이핑하며 일기를 써 왔었지만, 지금은 만년필로 하루 일기를 쓰고 있습니다. 그렇다고 해서 디지털 메모 앱을 완전히 떠나진 않았습니다. 생각날 때 검색해서 찾아내도 무방한 방대한 자료들은 여전히 디지털 도구 안에 보관해 두고 유용하게 사용하고 있습니다. 이 자료들은 수시로 기억해내고 삶에서 실천을 시도해 봐야 할 내용들은 아니기 때문입니다. 이런 자료들을 서랍에 넣어둘 필요가 없어져서 책상, 서재 공간도 더 많이 확보할 수 있습니다. 확보한 공간은 물리적 상기 능력을 최대한 활용하는 데 적합한 환경이 됩니다. 내게 중요한 자료, 책, 노트의 몇 가지만을 두어서 더 눈에 띄게 할 수 있기 때문입니다. 디지털과 아날로그의 각각의 장점을 활용하면 서로를 더 빛나게 만들어 줄 수 있습니다.

제가 여전히 사용하는 디지털 도구 중에서는 할 일 앱도 있습니다. 할 일 앱의 반복 기능은 이점이 매우 커서 도저히 종이 수첩으로 대체하기 힘들었습니다. 집중해야 할 중요한 일이 있는 날에는 할 일 앱에서 종이 수첩으로 옮겨 적어놓고 수시로 상기하기도 합니다.

소중한 내용의 집합체인 'F.I.T'을 기록한 종이는 가격 이상의 가치를 가집니다. 바지 주머니 속의 수첩은 스마트폰처럼 어디서든 펼쳐볼 수 있으며 디지털 방해 없이 집중할 수 있는 매체입니다. 그리고 종이 수첩은 정기적으로 양이 너무 많아지지 않도록 관리해 줘야 하는 '바보' 정보 매체입니다. 디지털 메모와는 다르게 기록의 양이 늘어나면 종이도 늘어나기 때문에 이를 바꾸어 줘야 하는 등 변화를 감지하고 대응하기 쉽습니다. 또한, 디지털 기록처럼 한없이 저장한 뒤에 검색한다고 해서 제가 원하는 내용이 바로 튀어나오지 않기 때문에 읽는 내용을 더 기억하게 부추기는 효과도 있습니다. 종이 노트는 제가 무엇을 해야 한다면 정해진 시간이나 장소에서 자동으로 소리를 내거나 부르르 떨며 알려주지도 않습니다. 이 수첩에 대한 모든 것은 제가 먼저 능동적으로 생각하고 움직여야 합니다. 스마트폰도 최초에 자동 알람을 설정할 때는 우리가 먼저 능동적으로 생각해야 한다는 면이 있지만, 모든 설정이 완료된 이후부터 스마트폰에 의존적인 상태가 됩니다.

이 수첩의 기록량이 많아질 경우 변화된 가치관, 이미 성취한 목표나 습관 등은 제거하고(하지만 흔적은 남깁니다) 남길 것은 다시 남겨서 정기적으로 '이사'를 하고 있습니다. 이전에 할 일 앱 간에 '이사'를 하며 느낀 것인데 확실히 이는 상기 효과가 있습니다. 단지 그 할 일들을 몇 번이고 재상기하는 것은 크게 가치가 없었습니다. 대부분은 일회성 작업으로 마무리하고 나면 기억할 필요가 별로 없는 것들이었기 때문입니다. 하지만 저의 소중한 가치들은 다릅니다. '이사'를 하며 다시금 그 가치를 제 마음에 각인시키고 새로운 가치들을 반영하여서 환경 변화에 맞추어서 변경하는 과정이 필요합니다. 아날로그 저널 방법론으로 유명한 불렛저널에도 이런 '이사(Migration)' 단계가 있습니다. 이는 이번 달에 완료하지 못한 일들을 다시 읽고 평가하여 다음 달로 이사시키는 단계입니다. 저도 시도해 보았지만, 특히 첫 직장에서는 제가 할 일이 너무 많았고 변화되는 상황도 많았기에 미완료된 할 일들이 많았습니다. 반복되는 일들도 많았습니다. 그래서 이사 단계가 상당히 부담스러워져 불렛저널을 그만두었습니다. 하지만 저는 제 소중한 몇 가지 가치들에 대해서 이사 효과를 보고 싶었습니다. 평소에 잊어도 되고 필요할 때 검색으로 찾아내기만 하면 되는 유용한 정보들은 똑똑한 스마트폰에게 맡기는 게 낫습니다. 하지만 적어도 내 인생의 방향이나 현시점에서 매우 소중한 목표나 가치들, 중요한 습관 만들기 등에 대해서만큼은 제가 능동적으로 관리해야 효과가 있습니다. 스마트폰의 인공지능에게 귀찮고 반복적인 일을 다 넘기고 저는 중요한 몇 가지에 집중하는 것입니다. 이를 도와주는 수단으로 저는 종이를 선택했습니다.

지금도 저는 이 조그마한 수첩에 영감을 줬던 독서 문구들, 경험들, 가치들, 사명이나 목표들을 기록 날짜와 함께 차곡차곡 쌓아가고 있습니다. 주머니에 지갑처럼 항상 넣어 다니는 이 노트는 다른 기능은 전혀 하지 않습니다. 가끔 급한 종이 메모를 뒷부분에 하기는 하지만서도요. 구체적인 활용 방법은 이후에 좀 더 자세히 설명해 드리겠습니다.

□ 새로운 휴대품

스마트폰의 강력한 중독성은 휴대성과 높은 연관이 있습니다. 앞서 언급했듯이, 저는 중학생 시절에 게임 중독을 경험했습니다. 콘솔 게임기들은 텔레비전이 있어야만 작동할 수 있었는데 그래서 집에서 나오지 않게 되더군요. 하지만 스마트폰은 언제나 휴대할 수 있으며 뛰어난 게임을 저렴한 가격에 수천 종류를 경험할 수 있게 해 줍니다. 만약 게임 또는 쇼핑, 도박 중독이라면 장소의 제한 없이 해당 행위를 할 수 있다는 의미입니다.

스마트폰만큼 언제나 우리 손에 들려있는 도구 또는 주머니에 휴대하는 물품이 있을까요? 지갑, 안경, 자동차 열쇠 정도 언급할 수 있습니다만, 그것들은 스마트폰만큼이나 우리 손을 장악하지는 못합니다. 그리고 무엇보다 이것들은 스마트폰처럼 '정보 제공 도구'가 아닙니다. 정보 제공 도구 중에서 우리의 손을 가장 많이 차지하는 물품은 현재는 스마트폰 외에는 없습니다. 즉, 이에 대항할 수 있는 휴대 물품이 전무합니다. 저는 이 글을 쓸 때쯤에 대학로와 시내를 걸으며 사람들을 관찰한 경험이 있습니다. 상당수의 사람이 손에 스마트폰을 쥐고 걷거나 그중 몇 명은 아예 화면을 보면서 걷는 모습을 심심치 않게 볼 수 있었습니다. 횡단보도를 건너면서 심지어 이어폰까지 귀에 꽂은 채로 화면에 눈을 고정하고 걷는 분도 있었습니다. 실제로 스몸비(Smombie) 현상을 어느 정도 체감할 수 있었습니다. 스마트폰은 우리 눈과 손을 사로잡은, 왕좌를 차지한 정보 도구입니다.

이에 관해서 이상 낌새를 느낀 몇몇 회사가 있습니다. 'Company of others'라는 회사는 몇 년 전에 스마트폰처럼 생겼지만, 속이 비어있는 스마트폰 프레임을 출시했다고 합니다. 사진을 한번 보시죠.[12]

---

12) 출처: https://www.i4u.com/2014/12/87320/company-others-creates-ideal-gift-form-realism-smart-device

습관적으로 스마트폰 화면을 확인하는 습관을 역이용한 제품입니다. 쉽게 말해서 범퍼 케이스와 비슷한 구조로 최대한 스마트폰과 비슷하게 만든 것입니다. 모양이 같기 때문에 스마트폰을 떠올리게 해서 무의식적으로 집어 들지만, 이를 쳐다보면 뚫려있는 공간 사이로 '현실 세계'의 풍경만이 눈에 들어오는 원리입니다. 좋은 아이디어이고 어느 정도 도움이 될 것 같습니다. 하지만 이것은 정보 기기가 아니며 그 외에는 다른 기능이 없습니다.

또 다른 후보로는 심심할 때 손가락을 꼼지락거릴 수 있는 조그마한 퍼즐처럼 생긴 제품들입니다. 스피너란 제품도 한때 큰 인기를 끌었었지요. 지금은 스마트폰을 사면 무료로 함께 오는 경우가 있습니다. 최근에는 아예 잘 안 보이기는 합니다만.

그리고 최근에는 '바보폰'이 의도적으로 만들어지기도 합니다.[13]

---

13) 출처: https://www.theverge.com/2019/9/4/20847717/light-phone-2-minimalist-features-design-keyboard-crowdfunding

2019년경에는 라이트폰 2가 출시된다는 뉴스를 읽었습니다. 이는 미국의 디자이너들이 탄생시킨 제품으로, 라이트폰 1은 오직 전화밖에 되지 않는 제품이었습니다. 스마트폰 중독을 끊어버리고 싶었던 이들에게 의외로 긍정적인 반응을 얻으며 크라우드 펀딩에 성공했고, 이에 두 번째 버전도 출시하게 된 것 같습니다. 두 번째 버전에서는 전화만 가능한 것은 너무 심했다 싶었는지 전자 잉크 화면에 문자와 음악 듣기 정도의 기능을 추가했습니다. 저도 한번 써 보고 싶었습니다만, 위에서 언급한 대로 뷔페를 다 버리고 싶진 않았습니다. 물론 스마트폰은 가방에 넣어두고 필요할 때만 꺼내어 쓰는 것도 상당히 유용해 보이기는 합니다. 그리고 만약 라이트폰 2에 메모 기능이 있다면 이 또한 노트의 대리 역할을 꽤 할 수 있겠습니다만, 여전히 디지털 문자로서의 단점은 안고 있습니다.

다음은 구글의 실험적 시도인 종이 스마트폰(Paper Phone)입니다.14) 구글은 애플과 더불어서 세계 최대의 디지털 기업입니다. 그런데 되려 스마트폰을 덜 쓰게 만드는 제품을 실험 중입니다. 그들은 "디지털 디톡스를 할 수 있는 간단한 방법을 발명했다."라고 주장합니다.

---

14) 출처: https://www.independent.co.uk/life-style/gadgets-and-tech/news/google-paper-phone-addiction-digital-detox-a9174801.html

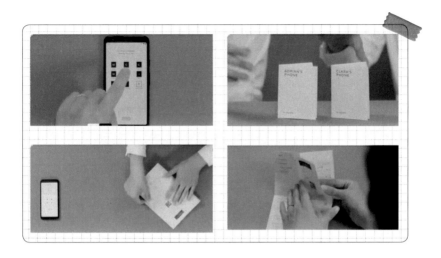

　제가 이 책의 집필을 마무리할 때쯤인 2019년 10월 29일에 나온 아주 따끈따끈한 기사입니다. 앱으로 캘린더, 할 일, 가야 할 곳의 지도를 인쇄한 다음에 접어서 스마트폰 크기로 만드는 것입니다. 제대로 했다면 표지에 '황다니엘의 폰'이라고 표기가 되겠습니다. 이 종이를 온종일 휴대하며 스마트폰을 덜 보라는 세계 최대의 디지털 기업의 권고입니다. 이 아이디어를 보고서 저의 생각과 비슷한 점이 많아서 깜짝 놀랐습니다.

　매우 흥미로운 접근이지만, 몇 가지 단점으로는 여전히 이 모든 작업을 스마트폰을 사용해서 진행해야 한다는 점이며 매일 다시 만들어야 한다는 점입니다. 상당히 귀찮을 수 있겠습니다.

　그리고 애플도 이에 질세라 '스크린 타임'이라는 기능을 기본적으로 탑재하고 있습니다. 오늘 하루 동안 내가 스마트폰 잠금 화면을 몇 번 해제했는지, 어떤 앱을 얼마만큼 오래 사용했는지 등을 통계로 보여 주는 서비스입니다. 아이폰을 소유하고 계신다면 왼쪽 끝으로 스와이프해 보시면 보일 겁니다. 다음은 저의 스크린 타임입니다.

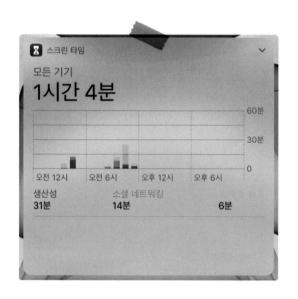

어쨌든 스마트폰에 맞설 수 있는 휴대 물품은 지금 우리 시대에는 존재하지 않아 보입니다. 하지만 스마트폰을 다스릴 수 있는 휴대 물품은 있습니다. 아니, 정확히 말하면 휴대 물품은 수단입니다. 사실 스마트폰을 다스릴 수 있는 주체는 바로 우리 자신입니다. 그리고 주체인 우리 자신이 스마트폰을 통제하는 데 있어서 유용하게 활용할 수 있는 도구는 주머니 속의 아날로그 정보 도구인 종이 수첩입니다.

그렇게 말한다면 스마트폰의 메모 앱도 스마트폰을 다스리는 수단으로써 활용할 수 있지 않냐는 의문을 가질 수 있습니다. 이에 대해서는 앞장에서 충분히 설명해 드렸으리라 생각합니다. 요약하면, 물론 가능하지만, 멀티태스킹의 유혹이 도사리고 있기 때문입니다. 그리고 스마트폰은 온갖 알림을 '똑똑하게' 울리며 스스로 작동하며 이를 통해 수많은 기업이 여러분을 자극하기 위해서 기다리는 환경이기 때문에 우리가 똑똑해져야 하는 아날로그 도구가 이런 똑똑한 기기들을 다루는 데 적격입니다.

종이 수첩으로 스마트폰을 다스리는 쉬운 예로 저는 이 수첩에 다음과 같은 기록을 남겼습니다.

> **"퇴근 후 저녁 6시부터 9시까지는 스마트폰을 보지 않는다."**
>
> 19. 3. 14 (일기)

제가 퇴근해서도 스마트폰을 수시로 확인하다 보니 3살, 6살 두 아들도 이를 궁금해하고 6살 아이는 아이패드로 유튜브 동영상을 1시간 이상 빈번하게 보게 되는 계기가 되기도 했습니다. 안 되겠다 싶어서 일단 저 스스로 금지하고 이후 아이들도 훈육하려고 했습니다. 기록해 놓으니 때로 실패하더라도 수첩을 펼쳤을 때 항상 그 자리에 있는 이 다짐의 내용은 재도전할 수 있는 동기를 유발했습니다. 스마트폰 중독으로 인해서 아이들이 겪을 수 있는 피해에 대한 도서를 읽고서 다시금 이 동기가 자극되었는데 그때 수첩에 기록되어 있던 이 문장이 다시금 그 힘을 되찾았습니다. 최근에는 스마트폰을 정해진 상자 안에 두고 저도 하지 않고 가족들에게도 이 행동에 함께 동참하자고 적극적으로 권유하고 있습니다.

대신에 다른 활동들로 채워 보려고 노력 중입니다. 이런 과정을 통해 천천히 욕구의 흐름을 바꾸려고 하는 편입니다. 강둑에 욕망의 강물이 콸콸 흐르는데 다른 길을 내지도 않은 상태에서 막기만 하면 중구난방으로 물이 흘러 넘쳐버리니까요. 어떤 길이 좋은지 양질의 도서나 주위 사람들을 통해서 찾아보기도 하고 조금씩 그 길을 파내며 공사가 가능한 것인지 타진해 보기도 하는 시간이 필요합니다.

이렇게 휴대하고 다니는 수첩은 퇴근했을 때는 책상 위의 정해진 위치에 항상 꺼내놓고 저녁에 일기를 쓸 때 다시금 펼칩니다. 일기는 최근 가죽 표지로 세련되게 나오는 B5 정도 크기의 노트들을 선호하는 편입니다. 일기라고 부르기는 하지만, 매일 쓰지는 않습니다(일기 다시 읽기는 수첩과 함께 매일 하려는 편입니다). 다만, 기록해야겠다 싶은 중요한 일이 있었던 날이나 새로운 다짐을 수첩에 기록한 경우에는 일기를 씁니다. 특히 후자의 경우에는 꼭 기록하는 편입니다. 수첩에 기록되는 것은 요약된 내용이기 때문에 어떤 경위로 그런 다짐을 하게 되었는지 일종의 비하인드 스토리를 일기에 기록하는 것입니다. 시간이 지나서 다짐의 내용들을 왜 하게 되었는지를 잊게 되면 다짐의 힘이 다소 약해집니다. 이야기가 힘을 잃은 것입니다. 이야기를 다시 읽는 것은 재건축을 하는 것과도 비슷합니다. 당시의 상황이 떠오르며 기억들이 뚜렷해지고 감정과 다짐이 다시금 결합됩니다. 그리고 다짐은 억지로 지켜야 하는 규칙이 아니라 해내고 싶은 열망의 내용으로 다시금 자리 잡습니다. 내게 의미 있는 내용들은 시간이 지나면 생각보다 빨리 그 의미들이 휘발되는 경향이 있습니다. 특히 수많은 이야기와 정보들이 넘쳐나는 디지털 세계에 접속된 정신에게는 말입니다.

만약 앞에 언급한 스마트폰 규제 다짐에 대한 비하인드 스토리가 있다면 저는 다음과 같이 기록합니다.

> **"퇴근 후 저녁 6시부터 9시까지는 스마트폰을 보지 않는다."**
>
> 19. 3. 14 (J)

'J'는 'Journal'의 약자입니다. 이후 저의 일기의 목차에서 2019년 3월 14일 자 기록을 찾아서 읽어보면 어떤 일을 계기로 해당 다짐을 하게 되었는지를 알 수 있습니다.

□ 메모웨어의 탄생

주머니에 들어갈 만한 작은 휴대 수첩은 서점에 가면 1,000~4,000원 정도 가격이면 구입할 수 있습니다. 여기에 무엇을 기록하고 이를 어떻게 사용하느냐에 따라서 가격 이상의 가치를 가져가실 수도 있습니다. 저는 그런 방법 중의 하나를 제안해 드리는 것입니다.

현재 저는 탈-디지털 스마트 워커가 되지는 않았습니다. 대신 1만 개의 메모가 있는 디지털 메모 앱에서 저의 소중한 몇 가지 가치와 사명, 목표, 역량 개발 방향 등 'F.I.T'에 해당하는 내용만 조그마한 포켓 수첩에 옮겨 적었습니다. 그리고 항상 주머니에 넣어

가지고 다니며 스마트폰 대신 한 번이라도 더 보려고 노력하며 살아가고 있습니다. 습관을 기르려고 하고 있습니다. 『아주 작은 습관의 힘』의 저자는 다음과 같이 주머니 속 물건이 가진 습관 촉발의 힘을 언급합니다.

> "시간이 흐를수록, 습관을 촉발시키는 신호들은 기본적으로 눈에 잘 보이는 무척이나 흔한 것이 된다. 주방 카운터에 있는 물건이나 소파 옆에 놓인 리모컨, 주머니 속에 든 휴대전화처럼 말이다. 이런 신호들에 대한 반응은 너무나 깊이 인코딩되어 있어서 우리는 어디서 나오는지도 모르는 행동을 해야 할 것처럼 느낀다. 바로 그렇기 때문에 우리는 의식적으로 행동 변화 과정을 시작해야 한다. 의식하지 않으면 변할 수 없다."
>
> - 『아주 작은 습관의 힘』, 제임스 클리어

주머니 속의 물건들은 강력한 습관 발생 신호를 보낼 수 있습니다. 그리고 이 수첩은 저에게 소중한 도구가 되었습니다. 확실히 가방에 다이어리가 들어 있었던 때보다 훨씬 더 쉽게 보게 됩니다. 항상 손에 들려있는 스마트폰을 경계하는 데는 주머니보다 더 좋은 공간이 없습니다. 그리고 이전과는 다르게 집에서 옷을 갈아입을 때마다 수첩을 꺼내야 하니 그 존재를 한 번 더 인식하게 됩니다. 그리고 갑자기 바쁜 일에 휩쓸려 며칠 동안 수첩을 안 펼쳤을 때도 책상 위, 정해진 위치에 있는 수첩을 보면 그 속의 내용들을 다시 펼쳐 보고 싶은 마음이 솟아오릅니다. 그리고 다시금 나의 인생 궤도 위로 올라타기도 쉽습니다. 저는 오른쪽 주머니에 지갑을 넣고 왼쪽 주머니에 자동차 키를 넣는데 지갑과 헷갈리지 않기 위해서 왼쪽 주머니에 수첩을 넣어서 다녔습니다.

그러다 불현듯 "골프를 위한 '골프웨어'는 있는데 왜 메모를 위한 '메모웨어'는 없지?"라는 생각이 머릿속을 스쳤습니다. 여전히 서점에는 메모 관련 도서들이 꾸준히 나오고 있는데도 말이죠. 성공학 관련 도서들에서 메모는 '학교에서 가르쳐주지 않는 묘술'로 꼭 한 자리를 차지하며 등장하기도 합니다. 아마도 최근에는 모두 디지털 메모로 옮겨 갔거나 종이 메모를 사용하더라도 재킷 안주머니, 셔츠 앞주머니 등에 넣어 다니는 건 아닌가 합니다. 그리고 제가 한 것처럼 그냥 주머니에 넣어 다니던지요. 하지만 물리적 존재감을 지닌 수첩이 제게 상기의 역할을 해 주는 것처럼 '메모웨어' 바지를 만들고 수첩만을 위한 주머니가 있다면 이 또한 물리적 상기 역할을 할 수 있겠다 싶었습니다. 갑자기 저는 바지 디자이너가 되었습니다. 노트 위에 처음에 획획 그리기 시작했습니다. 그러다가 저는 샘플을 만들고 이렇게 창업했으며 지금은 글을 써서 책을 내는 사람까지 되어버렸습니다. 사람 앞일은 정말 모르는 것 같습니다.

그리고 이왕 메모웨어를 만든 것, 세트로 만들고 싶었습니다. 그래서 노트를 만들어 주는 공장에 주문하여 제가 원하는 사이즈로 노트를 만들었습니다. 이 휴대 수첩은 신용카드보다 약간 더 크고 두께는 얇은 지갑과 비슷한 수준입니다. 손에 착 감기는 그런 크기 말입니다. 어설픈 스티브 잡스 흉내라도 내볼까 싶습니다. '역' 혁신이라고 불러야 할까요? 저는 이 노트의 포지션을 다음과 같이 정하고 싶습니다.

스마트폰만큼의 휴대성을 지니고 있으며 스마트폰을 통제하는 '말고삐' 역할을 할 수 있는 '21세기형 주머니 수첩'.

컴퓨터가 책상 위에만 있을 수 있는 사이즈에서 손안에 들어올 수 있는 사이즈까지 줄어들며 강력한 영향력을 끼쳤듯이 휴대 수첩을 부각하고 싶었습니다. 주위 사람들에게 바지와 노트를 보여주며 이야기하자 이런저런 질문들이 쏟아져나왔습니다. 재킷의 안 주머니도 있고 셔츠의 앞주머니도 있는데 왜 굳이 바지에다가 전용 주머니를 만드냐는 질문이었습니다. 지난 직장 생활에 비추어 보았을 때, 재킷은 사무실에 들어가면 벗어서 의자에다가 걸어놓게 되기 때문에 언제나 휴대하게 되지 않는다고 대답했습니다. 제가 기록하고 싶은 것이 직장에서 실수를 피하고 더 탁월하게 일하기 위한 행동 강령이나 원칙 또는 이번 달이나 이번 주에 꼭 해내야 하는 중요한 일이나 기억이라면 사무실에 도착한 뒤에도 제 몸에 붙어있어야 한다고 대답했습니다. 그리고 이런 수첩을 사무실 안에서도 항상 가지고 다닐 수 있다면 스마트폰 메모를 사용하기 어려운 상황에 급한 메모를 쓰는 데도 유용할 것이라고 응답했습니다. 이런 이야기를 하다 보니 메모웨어에는 종이와 항상 함께 필요한 펜을 위한 전용 주머니도 만들어야겠다 싶었습니다. 게다가

전 만년필을 좋아하기도 했고요. 그래서 펜을 위한 전용 주머니도 추가했습니다.

이렇게 해서 펜(pen), 종이(paper) 그리고 바지(pants) 형제가 탄생했습니다. 일명 '3P'입니다.

기획을 위해 조사하며 그래도 '뭔가 비슷한 것이 한 번쯤은 나왔을 것 같은데…' 하는 생각에 검색을 좀 더 해 봤는데 주로 기능성 바지, 즉 주머니가 많이 달린 바지들에는 펜 포켓들이 있더군요. 그리고 다른 주머니들은 메모 포켓이란 이름은 없었지만, 포켓 노트 정도는 충분히 들어갈 것으로 보였습니다. 하지만 요즘 직장의 옷차림이 아무리 자유로워졌다고는 하지만, 사무직인 경우에는 이렇게 주머니가 주렁주렁 달린 기능성 바지를 입고 출근하지는 못할 것 같았습니다. 그래서 저는 최대한 주머니가 티가 나지 않도록 하였고 노트의 두께도 조절하여 일명 '바툭튀'를 피했습니다. 어차피 'F.I.T', 즉 소수의 몇 가지 중요한 것을 기록하는 수첩이라 두꺼울 필요가 없기도 했습니다. 그리고 펜은 주머니의 위치가 적절하지 않으면 보관과 수납이 불편할 가능성이 있다고 생각했습니다. 그래서 이 위치를 설정하는 데도 상당히 시간이 걸렸습니다.

이 과정 중에 종이 메모를 사랑한 유명인들에 대해서도 조사해 보게 되었는데 그중에서도 단연 흥미로웠던 인물은 미국의 16대 대통령인 에이브러햄 링컨이었습니다. 링컨은 모자 속에 중요한 메모지들을 넣고 다녔다고 합니다. 저도 어디선가 들어본 것 같은데 도대체 어디서 언급되었는지 몰라서 한참을 찾았습니다. 그러다가 미국의 초등학생용 교재에서 해당 내용을 찾았습니다. 그리고 『디지털 미니멀리즘』이라는 책에서도 같은 내용을 찾았습니다. 잠깐 읽어 보시죠.

> "앞서 소개한 대로 링컨은 별장에서 머물 때 생각나는 내용을 적은 종이를 잃어버리지 않도록 모자에 꽂아서 보관하는 습관이 있었다. (실제로 링컨은 이런 종이에 적은 내용을 모아서 노예해방선언의 초고를 만들었다. 현재 유적지가 된 별장을 관리하는 비영리 단체는 이 사실을 참고하여 학생들이 엄밀하고 독창적인 생각을 하도록 북돋는 프로그램을 운영한다. 이 프로그램의 명칭은 '링컨의 모자'다)"
>
> -『디지털 미니멀리즘』, 칼 뉴포트

모자는 메모지를 보관하는 데 상당히 이색적인 공간이었습니다. 이 인용에서는 명확하게 드러나지 않지만, 앞서 제가 찾은 자료에 의하면 모자 안에 둘러진 띠가 있는데 그사이에 끼워 넣은 것으로 묘사되어 있었습니다. 모자 안에 메모지 이외의 것들을 넣지 않았다면 이는 하나의 공간에 하나의 물건이 정확히 연결된 경우이겠습니다. 저의 추측이지만, 주머니 속에는 여러 가지 다른 물건이 들어가니 메모를 위한 특별한 공간으로 모자를 선택한 것은 아닐까 합니다.

제가 만든 메모웨어 또한 재킷 안주머니나 셔츠 앞주머니, 일반 바지 주머니처럼 이것저것이 들어갈 수 있는 포켓이 아니라 오직 펜과 오직 메모만을 위한 전용 포켓이기 때문에 이런 유사점을 고려하여 창업한 회사의 로고를 모자 안에 담겨있는 두루마리를 상징으로 선택했습니다. 이 이야기는 마지막 장에서 좀 더 소개해드리겠습니다.

　다음 장에서는 'F.I.T'의 실천 과정에 대해서 함께 살펴보겠습니다. 단순하게 저는 이 실천 과정을 'F.I.T 방법론'이라고 부르겠습니다. 이는 종이를 활용하는 한 가지 방법에 지나지 않습니다. 여러분만의 방법을 개발해 보는 것도 꼭 권장합니다. 그리고 제가 지금부터 소개할 이 방법은 제가 창업해서 만든 메모웨어 제품 없이도 당장 조그마한 수첩과 일반 바지 그리고 노트 하나만 있으면 시작하실 수 있습니다. 메모웨어는 이를 좀 더 편하게 해 주는 제품일 뿐입니다.

05

F.I.T 방법론 실천편

"나는 첨단 테크 스타트업과 나라 지키는 일을 경험하면서 간단하지만 심오한 것을 배웠다. 지구에서 가장 많은 작업을 요구하는 이 두 가지 일은 한 가지 공통점을 가지고 있다. 이유는 다르지만, 군대 문화와 스타트업 문화는 둘 다 이것을 구성원에게 촉구해 왔다.

이 강력한 진실은 무엇인가? 바로 태도와 습관은 여러분이 성취하는 삶을 살아갈 수 있는 능력이 있는지, 없는지를 예측하는 가장 중요한 지표라는 것이다. 전쟁이든, 사업이든, 어떤 상황이든 상관없이 우리는 행동을 통해서 매일 목적을 만들어나갈 수 있다.

이 목적이야말로 디지털 세계의 주의 산만에 맞서서 우리 스스로를 지킬 수 있게 해 준다. 성취감을 주는 심오한 목적이야말로 유일하게 지속되는 치료제이다."

- 『리셋: 디지털 주의 분산 시대에 목적 세워가기』,

윌리엄 트레시더(저자 번역)

"당신의 삶을 돌아보라. 꿈, 희망, 자유, 창의, 개성, 믿음, 소망, 사랑… 당신은 당신을 가장 인간답게 만들어주는 가치들을 얼마나 추구하면서 살았는가? 아마도 추구한 적이 거의 없을 것이다. 아니, 추구할 시간이 거의 없었을 것이다. 학교 성적을 올리느라, 입시 공부를 하느라, 학점과 스펙을 쌓느라, 취직 준비를 하느라 말이다. 사회에 나와서는 어땠는가? 직장에서 살아남기 위해 학창 시절은 비교도 할 수 없는 일 중심적인 삶을 살았을 것이다. 그렇게 당신은 자의 반, 타의 반으로 인간이기를 거부하고 기계의 삶을 살았다. 하지만 앞으로는 지금처럼 살면 안 된다. 당신은 비교도 할 수 없는 학습 능력과 업무 능력을 가진 기계들이 지금 당신이 몸담고 있는 일터로 밀려들어 올 것이기 때문이다.

(중략)

하루에 한 시간 만이라도, 일주일에 하루만이라도 외부의 목소리가 아닌 내면의 목소리에 귀 기울이는 시간을 갖길 권한다. 학교, 직장, 사회의 리듬이 아닌 당신 자신의 리듬에 맞춰서 생각하고 꿈꾸고 움직이는 시간을 갖길 권한다. 그런 시간들이 축적되다 보면 당신은 자연스럽게 인간성을 회복할 수 있을 것이다. 아니, 당신이 기계가 아니고 인간임을 깨달을 수 있을 것이다. 바로 그 순간이 당신이 인공지능을 이기는 순간이다. 인공지능의 노예로 살아갈 미래가 인공지능의 주인으로 살아가는 미래로 바뀌는 순간이다."

- 『에이트: 인공지능에 대체되지 않는 나를 만드는 법』, 이지성

○

이쯤에서 우리가 어디로 향하고 있는지 한번 살펴보는 것이 좋겠습니다. 지금 우리는 디지털 유사 중독 및 주의 분산의 시대에 '중요한 몇 가지 중심의 라이프 스타일'을 성취하도록 도와주는 방법을 함께 살펴보고 있습니다. 이를 위해 '목적 있는 아날로그적 휴식(Purposeful Analog Break)'을 소개해드렸습니다. 그리고 이 멈춤의 시간에 우리 삶의 중요한 몇 가지를 발견하고, 상기하는 것에 관해서 이야기했습니다. 이 구체적인 행동은 중요하기 때문에 이름을 붙여보겠습니다. 간단하게 'F.I.T 방법론(F.I.T Method)'이라고 부르겠습니다.

내 삶에 중요한 몇 가지에 우리의 흐트러진 의식을 다시 맞출 때 디지털 인류의 일상을 재정렬할 것입니다. 그리고 디지털 도구들의 인공지능과 차별화된 인간 특징들을 강화하는 것을 도와줄 것입니다. 개인마다 이 중요한 몇 가지는 모두 다르겠지만, 몇 가지 후보들을 살펴보는 것이 이 여정을 시작하는 데 도움이 될 것입니다. 이 내용들을 종이에 기록, 휴대, 상기하는 것은 스마트폰 확인 습관에 대항할 아주 작은 습관입니다. 이 습관이 최고의 효과를 보려면 '중요한 몇 가지' 중에서도 수시로 그리고 장기적으로 확인하면 할수록 효과가 있는 내용들이어야 합니다. 그리고 휴대 수첩을 짬 나는 시간에 간결하게 읽으면서도 큰 효과를 보려면 요약된 짧은 내용이어야 합니다. 정리해 보면 다음과 같습니다.

① 수시성: 수시로 다시 읽을수록 좋을 내용

② 장기성: 장기간 다시 읽을수록 좋을 내용

③ 간결성: 1~5문장 또는 몇 단어로도 축약될 수 있는 내용

그 예로 대학 강의 시간에 적은 노트도 중요한 내용들이겠지만, 그 내용들이 수시로, 장기간 제 삶에서 확인해야 할 내용들은 아닐 것입니다. 필요할 때 ―예로 시험을 치거나 이후 직장에서 지식을 적용해야 하는 상황에서― 꺼내 보면 되는 내용들입니다. 이런 내용들은 디지털 메모 앱이 기록하기 더 좋은 장소입니다. 검색 가능하며 물리적인 저장 장소가 필요하지 않기 때문에 많은 양의 기록도 문제없기 때문입니다. 하지만 내게 영감을 주고 위안을 주는 독서 구절 같은 한두 줄의 문장, 즉 강력한 힘을 가진 내용은 수시로 확인할수록 하루를 의미 있게 살아내는 데 도움이 될 것입니다. 또는 꼭 이루고 싶으며 생각하는 것만으로도 힘이 되는 꿈, 비전의 문장이 있다면 이 또한 휴대 수첩에 들어갈 좋은 후보가 되겠습니다. 끊고 싶은 습관이나 얻고 싶은 습관도 수시로 확인할수록 좋은 내용 중의 하나입니다.

쉼에 활용할 수 있는, 건강을 위한 일반적인 아날로그 활동들이 많습니다. 수영, 테니스, 지인과 대화하기, 산책하기 등은 모두 아날로그적인 활동들입니다. 하지만 디지털 라이프를 중요한 몇 가지 중심으로 이끌어주는 데 도움이 되는, 즉 목적의식을 고취하는 활동은 아닐 수 있습니다. 그 예로 운동하기는 추천할 만한 아날로그적인 활동입니다. 하지만 운동하기는 잠깐의 휴식을 제공할

수는 있지만, 이후 이어지는 디지털 라이프의 방향에 대해 고민하도록 직접적인 영향을 주지는 않습니다.

이제 'F.I.T 방법론'의 구체적인 단계를 보겠습니다. 'R' 자 돌림으로 기억하기 쉽게 만들어 봤습니다. 일명 '4R'입니다.

① Rooting FIT out: 중요한 몇 가지 발굴해내기

② Recording FIT: 중요한 몇 가지 기록하기

③ Re-reading FIT: 중요한 몇 가지 다시 읽기

④ Re-writing FIT: 중요한 몇 가지 다시 쓰기

□ 삶의 중요한 몇 가지 찾아내기(Rooting 'F.I.T' out)

회사에서 사명 선언문 작성하기를 해 보신 적이 있으신지요? 사명은 한두 문장으로 요약되는 핵심적인 조직의 목적을 의미하는 단어입니다. 앞서 말씀드린 3가지 기준에 모두 부합하는 내용 중에서도 강력한 효능을 지닌 것 중의 하나입니다.

저는 직장 생활을 할 때 한 번 해 본 적이 있습니다. 모든 직원이 매우 흥분하며 즐기는 종류의 활동은 아니라는 걸 확실히 알았습니다. 저는 개인적으로 꾸준히 해오던 활동이었기 때문에 친근하기는 했습니다만, 직장의 비전과 사명을 세운다는 것은 많은 직원이 함께 찾아야 했기 때문에 색다른 경험이었습니다. 그렇게 직장에서 사명 선언문을 작성할 때쯤에 누군가와 했던 대화가 기억이 납니다. 이런 말씀을 하셨습니다.

"어차피 다 먹고 살자고 하는 일 아닌가요."

'사명이 굳이 필요할까요?'라는 의미였겠죠. 하지만 저는 이것 또한 하나의 사명이라고 생각합니다. 즉, '사명이 이미 있기 때문에 다른 사명이 무슨 필요일까요?'라고 환언할 수 있겠습니다.

"먹고 살자."라는 표현은 심리학자 매슬로가 말하는 욕구 위계 (hierarchy of needs) 중에서 가장 기본 욕구인 생존의 욕구입니다. 그는 관찰하기를 사람들은 기본 욕구를 충족하고 나면 다음 단계의 욕구 충족을 추구하는 경향이 있다고 합니다. 이 진술에서는 생존의 욕구 이후의 욕구들에 관한 것이 생략되어 있다는 생각이 들었습니다. 단순히 먹고 살기만 하면 된다면 학교나 직장, 스마트폰, 집, 연예 또는 결혼 배우자, 점심 메뉴 등에 대한 고민이 훨씬 적을 것 같습니다. 하지만 많은 이가 여러 선택에 심혈을 기울이고 있습니다. 그러므로 제 생각에는 '잘'이란 단어가 추가되어야 할 것 같았습니다.

'잘' 먹고 '잘' 살기 위해서.

아마도 이런 의미를 포함해서 말씀하셨을 것 같습니다. '잘'이라는 표현은 정말 다양한 것을 의미할 수 있습니다. 여러분에게는 어떻게 사는 것이 '잘' 사는 것인지 한번 생각해 보시기 바랍니다. 그리고 지인분들과 이런 주제로 이야기할 기회가 있으시다면 한번 이야기해 보는 것도 좋겠습니다(이런 주제를 별로 좋아하지는 않으시겠지만요). 꼭 대화하지 않더라도 사람들이 어떤 집과 어떤 종류의 성공에 기뻐하는지를 보면 드러내지 않는 '사명'의 내용들을 파악하실 수 있습니다. 사실 엄밀히 말하자면 생존의 욕구를 추구하는 것도 일종의 사명입니다. 그러니까 "다 먹고 살자고 하는 일이니, 사명 선언문을 생각하는 게 무슨 필요냐?"라고 말하는 것은 사실은 또 다른 사명은 필요치 않다는 의미입니다. 생존의 욕구를 충족하는 것 자체가 이미 사명의 자리를 차지하고 있기 때문입니다. 하지만 앞서 언급했던 것처럼 만약 '잘'이란 단어가 앞에 붙어야 한다면 우리 삶의 사명에 대해서는 생각해 볼 만한 가치가 있을 것입니다. '잘' 사는 것이 무엇이냐는 사람마다 다르기도 하지만, 삶의 단계마다 달라지는 것이기도 하기 때문입니다. 학생 때는 취업이 사명이었다가 취업하고 나면 결혼이나 승진, 퇴사, 창업 등으로 새로운 진로 찾기가 사명의 위치로 올라가기도 합니다.

이런 사명과 관련된 이야기가 나올 때 빠지지 않는 인물 중 하나가 18세기 미국의 정치인인 벤저민 프랭클린입니다. 유명한 프랭클린 플래너 시스템에 영감을 준 인물이기도 합니다. 그가 기록해서 지니고 다녔다는 13가지 덕목이 있는데 이는 습관과도 긴밀한 연관이 있어 보입니다. 덕목이란 단어는 우리가 자주 쓰는 단어가 아니어서 '인성'이라는 단어로 이해하셔도 무방하겠습니다. 품성, 됨됨이, 인격 등의 단어와 유사한 의미로 우리나라의 대학 입시 중심의 교육과는 대조되는 인성 교육의 내용들이기도 합니다. 그는 자신의 인성 함양에 많은 에너지를 쏟았습니다. 그가 사명 선언문을 작성했다는 기록은 찾을 수 없었지만, 그가 13가지 인성 덕목에 붙인 이름을 보면 이를 대략 알 수 있습니다. 제목은 다음과 같습니다.

'도덕적 완전함에 이르기 위한 담대하고 험난한 계획'

그의 사명은 '도덕적 완전함'에 이르는 것이었습니다. 그가 생각하는 도덕적 완전함의 일면들을 보려면 13가지 덕목을 살펴보는 것이 필요합니다.

① 절제: 배부르도록 먹지 마라. 취하도록 마시지 마라.

② 침묵: 자신이나 타인에게 유익한 말만 하라. 쓸데없는 대화를 피하라.

③ 규율: 모든 물건은 제자리에 두어라. 모든 일은 제때 하라.

④ 결단: 해야 할 일은 실천할 것을 결심하고 결심한 일은 반드시 실행하라.

⑤ 검약: 자신이나 남에게 이로운 일에만 돈을 써라. 쓸데없이 낭비하지 마라.

⑥ 근면: 시간을 낭비하지 마라. 언제나 유익한 일을 하라. 불필요한 행동을 삼가라.

⑦ 성실: 타인을 속여서 상처를 주지 마라. 결백하고 공정하게 생각하라. 말할 때도 그렇게 하라.

⑧ 정의: 타인을 모욕하거나 해야 할 일을 하지 않음으로써 타인의 이익을 해치지 마라.

⑨ 중용: 극단을 피하고 당연하다고 생각되는 경우에도 화를 자제하라.

⑩ 청결: 신체, 의복, 주택을 불결하게 하지 마라.

⑪ 평온: 사소한 일이나 피할 수 없는 사고에 흥분하지 마라.

⑫ 순결: 성관계는 건강과 자손을 위해서만 하라. 그로 인해 심신이 둔해지거나 약해지지 않도록 하고 자신이나 타인의 평화 혹은 명성에 해가 되지 않도록 하라.

⑬ 겸양: 예수와 소크라테스를 본받아라.

- 『벤저민 프랭클린 자서전』, 벤저민 프랭클린

정말 험난해 보입니다. 하지만 자세히 보면 휴대 수첩에 들어갈 만한 내용들입니다. 첫 번째 덕목은 절제라는 이름을 가졌고 그 구체적인 내용은 먹는 것에 관한 것입니다. 디지털 인류에게는 "스마트폰을 잠들기 전에 하지 말아라.", "하이퍼링크를 아무 생각 없이 누르지 말아라." 등이 절제의 구체적인 내용으로 들어갈 수 있겠습니다. 스마트폰은 항상 가지고 다니기 때문에 확실히 이런 내용들을 수시로 살펴보고 장기적으로 살펴보는 것이 좋습니다. 두 번째 덕목인 쓸데없는 말을 하지 않고 타인에게 도움 될 말만 하라는 것도 수시로 상기하여 습관화해야 하는 덕목입니다. 다른 모든 덕목도 습관화해서 준비된 상태로 있어야 할 내용들입니다. 예로 열한 번째 덕목인 '평온'의 '피할 수 없는 사고'는 언제 일어날지 모르는 일입니다. 수시로 읽고 마음을 준비해 놓아야 그런 사건이 일어났을 때 자동적으로 '흥분' 상태에 돌입하지 않을 수 있습니다.

그는 이 내용들을 당시의 수첩인 '테이블'이란 휴대 도구에 기록해서 가지고 다녔다고 합니다. 실천 초기에는 점검표까지 그려서 덕목의 수행 여부를 기록하기까지 했는데 너무 과했는지 몇 년 후에 점검표는 그만두었다고 합니다. 하지만 그 이후에도 목록을 계속 들고 다니며 이 내용들을 지속해서 상기하며 이를 지키기 위해서 노력했다고 합니다.

그는 시험을 치기 위해서 13가지 인성 덕목의 내용을 암기하려고 쪽지를 주머니에 넣어 다닌 것이 아닙니다. 인성은 암기만으로는 함양되지 않기 때문입니다. 기억할 뿐만 아니라 삶에서 나의 태도와 마음이 그 내용을 향하고 있는지를 지속해서 스스로 관찰하고 반성하며 고쳐나가는, 시간이 소요되는 작업입니다. 모든 것을 빨리빨리 해야 하는 것과는 완전히 반대 방향에 있는 정신적, 태도적 작업입니다. 시험을 치기 위해서 이 내용을 외워야 한다면 시험 하루 전에 벼락치기로 외워도 됩니다. 그리고 시험을 치고 나면 해당 내용은 싹 잊어도 되겠습니다. 실제로 목적을 달성한 기억들은 더 이상 머릿속에 남아 있어야 할 가치가 사라집니다.

그의 인성 덕목들을 보면 사업적 성공 등 직업적 성공과 관련된 내용이 보이지 않습니다만, 놀랍게도 그는 여러 직업적 분야에서 다양한 성취를 보였다고 합니다. 정치인이었지만 동시에 유능한 사업가였고, 기자이자 저술가였으며 발명가, 공무원 등 다양한 역할을 훌륭하게 수행해냈습니다. 그리고 이런 자신을 만든 것은 이 덕목들이었다고 자평했다고 합니다. 그럴 만하다는 생각이 드는 것이, 이 덕목들은 사업과 일상에 모두 도움이 될 수 있는 태도들입니다. 사업상 만난 상대와 미팅을 할 때 잠깐의 대화로도 상대편의 인격을 느낄 수 있다면 신뢰하고 일을 맡길 수 있지 않을까요? 정치, 경제, 가정생활 전반에서 이렇게 인성을 추구하며 실력을 함께 기르고자 하는 이들이 많아질수록 이상적인 사회가 되지 않을까요?

우리는 시대에 맞게, 각자의 상황에 맞게, 각자의 수준에 맞게 그의 방법을 실천해 볼 수 있겠습니다. 저도 나름의 다짐들을 이 수첩에 기록하고 있습니다. 그리고 항상 가지고 다니며 스마트폰을 습관적으로 들여다보는 대신에 이것을 확인하는 습관을 기르고 있습니다. 지속해서 해야겠다는 생각이 드는 이유는 스마트폰은 언제나 손에 들고 다녀야 할 이유가 있으며 계속 새로운 정보들이 쏟아져서 저도 모르게 또 스마트폰을 습관적으로 확인하며 빠져드는 자신을 발견하기 때문입니다. 그리고 저는 스마트폰을 더욱더 유용하게 활용하고 싶은 사람 중의 하나입니다. 다양한 생산성 앱들과 글쓰기 앱들을 둘러보는 것에 즐거움을 느끼는 사람입니다. 글쓰기 자료들을 디지털 창고 안에 넣어두고 체계적으로 정리해두고 수시로 찾아보기도 합니다. 즉, 계속해서 스마트폰을 들여다봐야 할 이유가 더 생기는 사람 중의 한 명입니다. 그렇기 때문에 휴대 수첩을 들여다보며 잠깐 디지털 세계와의 연결을 끊고 집중하여 스스로 기록한 중요한 내용들을 쉬는 동안 검토해 봅니다. 오늘 저녁에 퇴근하고 난 뒤 스마트폰을 보지 않기로 한 다짐을 다잡습니다. 지난번에 자기 전에 페이스북에서 잠깐 본 골동품 매입 프로그램을 봤다가 '몰아보기'에 빠져서 새벽 2시까지 잠을 못 잤던 경험을 떠올리며 더 경각심을 가지기도 합니다. 집으로 돌아와서는 옷을 갈아입으며 이 휴대 수첩을 책상 위의 정해진 위치인 펜꽂이 앞에 둡니다. 아침에 일어나 출근 준비를 할 때는 이 수첩을 주머니에 지갑과 함께 넣는 것을 기억하기만 하면 됩니다.

제가 기록한 몇 가지 다짐을 좀 더 보여드리겠습니다.

"성급하게 대답하지 말고 신중하게 말하자.

시간이 허락한다면 하루 정도 숙고해 본 뒤에 말하자." 19. 3.

"감사하는 것, 삶과 일에서 전체적인 방향을 고민하는 시간을 가지는

것을 사치라고 여기지 않도록 조심하자." 19. 1.

"불안감과 우울감, 암울한 미래에 대한 걱정이 엄습할 때는

우선 그 내용들을 기록해놓고 충분히 쉰 뒤에 다시 그 내용들을

살펴보고 판단하자." 18. 10. (이전 기록·보완)

　이 내용을 보시면 아시겠지만, 나 자신만의 중요한 가치들을 발견하는 데 누군가의 도움이 꼭 필요한 것은 아닙니다. 삶을 경험하면서 각자의 독특한 이야기 속에서 무엇이 중요한지는 여러분 자신이 가장 잘 알고 있습니다. 삶 속에서 우리는 이런 발견을 매 순간 하고 있습니다. 단지 그것들 중에서 중요한 것을 기록하는 분들이 있고, 어떤 분들은 머리로 기억하고 기록하지 않는 것의 차이가 있을 뿐입니다. 기록한 경우에는 객관적인 평가의 대상이 될 수 있으며 다시금 구체적으로 상기하기 쉽다는 장점이 있습니다. 기록하지 않은 내용 중에는 매우 중요도가 높아서 내재화, 즉 우리 머릿속에서 자동 시스템화된 경우도 있습니다. 의식적으로 떠올리지 않아도 상황에 맞닥뜨리면 즉시 작동하는 것이기 때문에 효율성은 높지만 잘 작동하지 않을 때 원인 파악을 위한 객관적인 평가의 대상으로 삼기가 쉽지 않겠습니다. 무의식적이기 때문에 또 비슷한

상황을 만나야 그 정체를 파악할 수 있기 때문입니다. 오랜 기간 습관이 된 행동들이 뇌의 자동 시스템의 결과물들이겠습니다. 사실 기록한 교훈들도 오랜 기간 실천 훈련을 하다 보면 이렇게 내재화, 자동화될 수 있습니다. 기록물이 남아있으면 왜 처음에 교훈들을 습관화하려 했는지에 대한 동기를 알 수 있으며 현재 상황과 그 교훈이 왜 잘 맞지 않는지를 파악하고 이를 바꾸는 데 도움이 될 수 있습니다.

내가 중요하다고 판단하는 것이 때론 좋지 않은 결과를 내는 경우도 있습니다. 이런 실패의 경험은 무엇이 중요한지에 대한 나의 판단 기준에 관해 관심을 가지게 만들며 주위 지인들의 조언을 구하거나 유명인들의 책, 강연을 찾아보거나 또는 다른 삶의 경험, 혼자만의 고민을 통해서 그 내용을 수정, 보완 또는 폐지합니다.

저는 책을 통해서, 주위 사람들의 조언을 통해서 그리고 무엇보다도 제 삶의 경험 속에서 필요성을 느껴서 이 내용들을 기록했습니다. 특히 세 번째 다짐은 공황 장애를 극복하며 얻은 인생의 좋은 자산이라고 생각합니다. 주로 이런 감정 상태는 몸과 마음이 지쳤을 때나 건강하지 않을 때 쉽게 나타난다는 것을 발견했습니다. 그럴 때마다 일기에 이 내용들을 남겼는데 푹 쉬고 난 다음에 다시 보니 확실히 비합리적인 면이 있었습니다. 이를 확신한 후로는 때때로 엄습하는 비합리적인 미래에 관한 전망에 저의 감정이 덜 흔들렸습니다.

이처럼 각 사람의 삶에 중요한 몇 가지란 사람마다 다르며 겪는 경험에 따라서 달라지기도 합니다. 직장을 그만두고 사업을 시작하면서는 다음과 같은 다짐도 새롭게 생겼습니다.

"사업과 관련하여 너무 미래에만 혹은 너무 현재에만 사로잡히지
않도록 하자. 미래의 가능성을 여러 가지 탐구한 후 이에 비춰서
현재의 일을 재정립하는 습관을 가지자." 19. 1.

아마도 어느 책에서 본 조언일 가능성이 큽니다. 정확한 책의 이
름은 기억나지 않습니다. 그 내용을 읽고 바로 쓴 내용은 아니고
제가 사업을 준비하면서 '직접 느껴서' 작성한 내용입니다. 이 시기
의 저에게는 참 와닿는 내용이었습니다. 책에서 막 읽었을 때는
'맞는 말이다.' 정도로 다가온 구절이었지만, 삶에서 경험한 뒤 그
문장은 마치 저를 위한 문장인 것처럼 느껴질 정도로 큰 가치를
가지게 되었습니다. 이처럼 중요한 몇 가지란 워크숍에 참여하여
진지하게 고민하여 찾아내야만 하는 '정답'으로서의 사명이나 비전
만 해당되는 것이 아닙니다. 그런 고민의 시간은 물론 필요하지만,
이는 우리 삶과 함께 경험해야 하는 내용들입니다.

중요한 몇 가지를 삶의 경험 속에서 찾을 수 있다면 삶의 기록인
일기 쓰기는 이런 발견의 과정에 도움이 될 수 있습니다. 특히 온
라인 군중을 쉽게 접할 수 있는 SNS 앱을 건강하게 사용하는 데
도움이 될 수 있을 것입니다.

"온라인 군중이 우리의 지혜와 경험을 하찮게 만들고 있다. 소셜 네트워크를 통한 '온라인 집단주의(online collectivism)' 때문에 우리는 온라인에 접속해 그곳의 집단적 기준에 순응하라고 압력을 받는다. 다른 사람의 존재감으로부터 벗어나 온전히 혼자서 자신만의 생각에 집중하기가 점점 더 어려워지고 있다."

- 『퓨처 마인드』, 리처드 왓슨

　오해하지 않으셨으면 하는 부분은 '혼자서 자신만의 생각'이란 SNS, 온라인 뉴스, 오프라인 대화 등 모든 외부 정보를 항상 차단해야 한다는 것을 의미하지 않는다는 점입니다. 그 정보들을 접한 다음에 머릿속에서 이를 정리하고 평가하며 고민해 보는 혼자만의 시간이 필요하다는 말입니다. 과연 내가 읽은 자극적인 뉴스는 사실일까? SNS를 보다가 사진과 글을 올리고 싶어졌는데, 이것이 내 지인이나 불특정 다수에게 어떤 영향을 줄까? 끊임없이 '새로고침' 되는 뉴스와 정보들은 사실 여부를 확인해 보기도 전에, 또는 심지어 이에 대한 의구심, 호기심을 가지기도 전에 '새것'에 떠밀려 내려가 버립니다. 검색 포털과 SNS에서 계속해서 업데이트되는 정보들은 매우 빠르게 디지털 인류의 시야에서 사라지며 너무도 많이 쌓이고 있어서 다시 찾아볼 엄두가 나지도 않습니다. 아니, 그럴 필요를 아예 느끼지 못합니다. 디지털 인류는 언제나 새로운 것에 마음이 끌리기 때문입니다. 이런 면에서 아날로그적 일기 쓰기는 하루 동안 디지털 인류가 흡수한 수많은 정보를 그 어떤 디지털 방해 없이 조용히 혼자서 정리하고 평가해 볼 수 있는 여백의 시간을 제공해 줄 수 있습니다. 그리고 이는 미래 계획, 선택, 결정을 위한 건강한 자양분이 되어 줍니다.

일기를 쓰며 삶의 성공과 실패를 되돌아보고 미래를 위한 교훈을 발견할 수 있습니다. 좋은 영화는 한 번만 보기 아까운 것처럼, 여러분의 삶도 한 번만 경험하고 그냥 흘려보내기에는 너무 아깝습니다. 물론 고통스러운 날도 있어서 다시금 그날을 떠올리기가 끔찍할 수도 있지만, 마음의 준비가 된다면 다시금 그 장면을 직면하고 극복해야 할지도 모릅니다. 제가 겪었던 공황 장애의 시기는 다시 돌아가고 싶지 않은 시기이기도 했지만, 지금은 두려움 없이 그 기록을 직면할 수 있습니다. 그리고 극복한 지금에는 상황에 대한 감사의 마음을 또다시 얻습니다. 특히 저는 디지털 앱보다는 종이 노트에 일기를 쓰는 것을 추천합니다. 어떤 알림이나 앱의 유혹 없이 집중하여 하루를 차분하게 돌아볼 수 있기 때문입니다.

앞에서는 주로 가치관과 관련된 내용들을 다루었는데 나의 능력, 강점, 역량과 관련된 내용들도 'F.I.T'의 좋은 후보입니다. 내가 원하는 가치관을 성취하려면 이를 위한 능력이 필요합니다. 이런 기르고 싶은 능력들을 정리하여 수첩에 수시로 상기하는 것 또한 도움이 됩니다.

무언가 쓰고 싶어지셨다면 좋겠습니다. 그렇다면 이제 기록하시면 됩니다.

□ 삶의 중요한 몇 가지 기록하기(Recording 'F.I.T')

삶의 중요한 몇 가지를 기록할 수단 3가지를 추천해 드립니다.

① 종이 휴대 수첩
② 종이 일기장
③ 스마트폰 디지털 메모 앱

저는 상담직으로 근무하면서 '즉시 기록하기'의 혜택을 맛보았습니다. 상담할 때 중요한 내용, 검사 행동 중 중요한 관찰 내용, 갑자기 떠오른 중요한 해석 방향 등은 생각나는 대로 즉시 메모하는 것이 중요합니다. 시간이 지나면 기억이 흐릿해지기 마련입니다. 특히 디지털 인류의 머릿속에는 언제나 새로운 종류의 정보가 밀려들게 될 테니 말입니다.

하지만 아쉽게도 즉석에서 바로 기록하기에 가장 좋은 수단은 스마트폰입니다. 스마트폰은 어딜 가나 챙겨 다니는 휴대 물품이며 타이핑하기도 쉽습니다. 제가 기획한 휴대 수첩의 여분 메모와 메모웨어 바지라면 즉석에서 바로 펜 메모를 할 수 있기는 하지만, 디지털 메모 앱을 활용하는 것이 더 효과적입니다. 단, 이로 인해 스마트폰을 확인할 때 발생할 수 있는 다른 앱 사용하기에 대한 유혹은 감수해야 합니다. 하지만 우리는 지금 휴대 수첩을 함께 활용한다는 전제하에 이 이야기를 하고 있습니다. 휴대 수첩 확인 습관을 함께 스마트폰을 활용한다면 이런 단점을 최소화하는 데 도움이 될 것입니다. 일단 중요한 내용이 생각나면 스마트폰의 디지털 앱 안에 떠오르는 대로 빠르게 기록해두는 것이 중요합니다. 삶의 중요한 몇 가지 교훈은 일기 쓰기와 같이 상당히 조용하고 고독한 시간에 발견할 수도 있지만, 바쁜 일상 속에서 특별한 경험을 하거나 머릿속에 번개가 치듯이 갑자기 떠오르기도 하기 때문입니다. 나중에 저녁에 일기를 쓰는 시간에 노트 옆에 디지털 앱을 켜두고 그 내용이 떠오르게 된 상황과 휴대 수첩에 옮길 만한 내용인지를 한 번 더 검토해 봅니다. 이런 과정을 종이 일기장에 써 보시길 추천해 드립니다. 만약 그렇게 발견한 교훈을 휴대 수첩에 옮기기로 결정하신다면 수첩에 기록한 뒤에 일기의 날짜를 문장 뒤에 남겨두시면 됩니다. 만약 벤저민 프랭클린이 이 방법을 사용하였다면 다음과 같이 수첩에 남겼을 것입니다.

"절제: 배부르도록 먹지 마라. 취하도록 마시지 마라."

1731. 5. 1. 일기

그의 1731년 5월 1일(제가 설정한 일자입니다) 일기에는 절제의 가치를 수첩에 기록하게 된 사건이 기록되어 있을 것입니다. 그에게 심각한 주사가 있었다고 합시다. 그리고 그날 그의 심각한 주사로 인해서 누군가가 크게 다쳤다고 합시다. 다친 이의 가족들이 찾아와 그를 붙들고 놔주지 않으며 모든 책임을 지라고 소리 질렀으며 그는 이에 트라우마 수준의 정신적 고통을 겪었다고 해 봅시다. 그리고 그는 이 사건을 돌이켜보며 다시는 '취하도록 마시지 않겠다.'

라고 다짐했을 것입니다. 하지만 나아가 그는 이 사건을 세밀히 묘사하여 일기에 기록하고 그 내용의 정수, 즉 핵심적인 교훈만 추출하여 "취하도록 마시지 마라."라고 수첩에 기록했다고 합시다. 이 말은 누구나 할 수 있는 말입니다. 자녀를 걱정하는 어머니가 충고로 할 수도 있고 술을 많이 마시는 동료를 걱정하는 회사 선임이 후임에게 지나가듯 충고할 수도 있는 말입니다. 하지만 벤저민 프랭클린에게 이 말은 그 의미의 무게가 완전히 다릅니다. 왜냐하면 그의 경험은 그 단순한 한마디 말에 커다란 중력, 무게를 실어놓았기 때문입니다. 만약 이런 일기의 기록 없이 이 한마디 말만 기록해두었다면 무게를 실어주는 경험에 대한 기억은 몇 년 뒤에 흐릿해질 가능성이 높습니다. 왜냐하면 인생에서는 다른 중요한 일들도 일어나며 언제나 새로운 정보들을 또 기억해야 하기 때문입니다. 이 과정을 통해서 '중요한 몇 가지'가 추가되고 추려지기도 합니다. 하지만 이 과정 중에 진짜 중요한 것이 버려지지 않게 하기 위해서는 기록의 도움이 필요합니다. 디지털 인류가 경험하는 디지털 정보의 홍수 속에서는 그런 사건에 대한 기억을 얼마나 지켜낼 수 있을까요? 의식적으로 기록하는 노력 없이는 앞으로도 점점 더 힘들어질 가능성이 커 보입니다.

이처럼 일기에 내용이 있는 삶의 중요한 몇 가지 교훈, 가치들의 경우에는 기록 일자를 남겨놓는다면 언제든지 그날로 돌아가 교훈의 무게를 다시 느껴보는 데 도움이 될 수 있습니다. 추후에 말씀드릴 '다시 쓰기' 과정에서 기록을 수정이나 보완 또는 제거해야 하는 경우에도 이 일기의 내용을 검토하는 것이 의사 결정을 내리는 데 도움이 될 것입니다.

휴대 수첩에 삶의 중요한 몇 가지를 기록하는 원칙은 간단합니다. 무슨 내용이든 차례대로 기록하시면 됩니다. 목표는 목표끼리, 가치는 가치끼리, 습관은 습관끼리 분류하시지 마시고 어떤 것이든 발견하는 순서대로 기록해 놓으시면 됩니다. 이렇게 정리를 하면 관리하기가 편하고 무작위로 펼쳐서 볼 때 상이한 종류의 중요한 내용들을 상기하는 것에도 도움이 됩니다. 그리고 잘 알아볼 수 있도록 글씨체에 신경을 쓰시고 글자 크기도 너무 작게 적지 않으셔야 합니다. 한 땀, 한 땀(?) 신경 써서 펜을 움직이는 행위는 이 내용들을 통해 종이 수첩의 가치를 높이고 그 내용들을 뇌에 각인하는 데 도움을 주는 또 다른 조력자입니다.

□ 삶의 중요한 몇 가지 다시 읽기(Re-reading 'F.I.T')

삶의 중요한 몇 가지를 기록한 휴대 수첩은 주머니에 넣어 다니시면서 스마트폰처럼 수시로 펼쳐보시면 됩니다. 낮 동안에는 바쁜 일상 때문에 수첩을 처음부터 끝까지 다 읽을 시간이 없을 것이기 때문에 짬 나는 시간에 주머니에서 수첩을 꺼내서 무작위로 펼쳐서 기록된 내용 중 아무 문장이나 읽으시면 됩니다. 수첩을 펼쳤을 때 오른쪽과 왼쪽 페이지에 습관이나 목표 등 다양하지만 중요한 몇 가지 내용들이 이곳저곳에 있기 때문에 잠깐 읽더라도 그 내용들에 대해 상기되는 효과를 볼 수 있습니다.

수첩을 주머니에 넣어두는 습관, 집에 와서는 책상 위의 잘 보이는 곳에 두는 습관만 형성하면 다시 읽기 습관을 들이는 데 크게 도움이 되실 것입니다.

이 다시 읽기 습관은 '습관의 연쇄 반응'을 일으키는 중요한 습관입니다. 앞서 보셨듯이 수첩에 기록되는 내용들은 습관과 연관성이 높습니다. 새로운 좋은 습관을 만드는 과정과 유사한 점이 많습니다. 수첩 다시 읽기는 새롭게 만들고 싶거나 끊고 싶은 습관들을 상기하게 되기 때문에 또 다른 습관을 만들어내는 연쇄 반응을 일으킬 수 있습니다.

새로운 습관을 기르기는 쉽지 않은 일입니다. '작심삼일'도 그래서 생겨난 말입니다. 다짐하더라도 사흘 동안 지속하기가 힘듭니다. 하지만 수첩은 이럴 때 스마트폰보다 나은 장점을 발휘합니다. 앞 장에서도 언급했듯이 수첩은 스마트폰과 다르게 물리적 상기 능력을 갖추고 있습니다. 특히 삶의 중요한 몇 가지'만'을 기록하는 수첩은 그 물리적 존재만으로도 '다시금 좋은 습관 기르기로 복귀하라.'라는 상기 능력을 가집니다. 쉽게 말해 책상 위에서 한 달 동안 주머니에 들어가지 못하고 올려져 있기만 했던 이 수첩을 쳐다보거나 정리를 위해 쥐는 행위만으로도 '삶의 중요한 몇 가지 기록하기'라는 행위를 상기시켜 줄 수 있다는 말입니다. 스마트폰은 그런 상기 능력을 가질 가능성이 작습니다(4장의 '물리적 존재감'과 '물리적 상기 능력' 참고).

삶의 중요한 몇 가지 교훈, 습관을 다시 상기할 때 이를 실천에 옮길 가능성은 더 커집니다. 물론 과도하게 높은 목표를 설정해서 또는 별로 중요치 않은 습관을 기록했기 때문에 '작심삼일'이 발생

할 수도 있습니다. 이런 경우에는 일기 쓰기를 병행하여 기록의 내용이 적절했는지를 고민해 볼 수 있습니다. 하지만 성취 가능한 수준의 좋은 습관인 데도 불구하고 계속해서 바빠지는 디지털 라이프로 인한 것이라면 수첩 다시 읽기 습관이 효과를 발휘할 수 있을 것입니다.

일기 다시 읽기 습관도 추천해 드립니다. 잠자기 전에 일기 쓰기 습관을 앞서 추천해 드렸었는데 제가 경험한 바로는 매일 일기가 쉽지 않았습니다. 때로는 쓰기 귀찮을 때도 있었고 때로는 너무 지쳐서 피곤해서 바로 쓰러져서 잠드는 경우도 있었습니다. 딱히 무언가 쓸 일이 없었던 날들도 꽤 있었습니다. 이런 날은 잠들기 전에 기록한 일기들을 다시 읽어볼 수 있습니다. 일기가 쌓일수록 일기 다시 읽기의 가치가 상승합니다. 과거의 더 많은 날을 다시 살아 볼 수 있는 기회를 가질 수 있기 때문입니다.

제가 본 영화 중에 이 일기의 가치를 드러내 줄 수 있는 영화가 있어서 소개해 봅니다. 영화 〈엣지 오브 투모로우〉를 보신 적이 있으신가요? 2014년도에 나온 영화인데 톰 크루즈가 주인공이고 영화 속에서 그는 군인입니다. 외계인이 지구를 침공하는 전형적인 SF 물입니다. 이 영화에서 독특한 요소는 가장 중요한 전투가 있는 날이 톰 크루즈에게만 계속 반복된다는 겁니다. 전투 개시일의 아침, 톰 크루즈는 비장하게 전장으로 나서고 그는 외계 문명의 물질에 접촉한 후 죽음을 맞이하게 됩니다. 그런데 죽어서 눈을 감는 순간마다 전투하는 날의 아침으로 돌아가 침대에서 다시금 눈을 뜨게 됩니다. 영화 후반부에 알게 되지만, 이는 수천 번의 '전

쟁 예행연습'을 할 수 있게 해 주는 일종의 타임머신 같은 외계 기술이었습니다. 이 영화 이후에는 호러물에서도 '반복되는 하루'를 다룬 적이 있죠. 톰 크루즈는 마치 최근 게임 내용처럼 몇 번이나 죽는 경험을 하며 되풀이된 하루의 기억들을 축적합니다. 그리고 계속해서 다른 행동들을 시도해 봄으로써 죽지 않는 시나리오를 찾아내고 결국 외계인의 침공을 막아냅니다.

'되풀이되는 하루'라는 것은 시간여행 측면에서도 흥미로웠지만, 왜 이 영화가 유독 제 기억에 남았을까 곰곰이 생각해 본 적이 있습니다. 특히 이 책을 구상하는 시기에 이 영화가 갑자기 떠올랐습니다.

영화 속에서 하루를 되풀이하여 같은 하루를 계속 겪는 인물은 오직 톰 크루즈밖에 없습니다. 그리고 다른 이들은 언제나 딱 한 번만 그 하루를 경험하죠. 즉, 톰 크루즈에게는 반복된 하루'들, 그것도 수없이 많은 시나리오를 시도해 본 하루들에 대한 '과거의 기억'이 남아있습니다. 모순적인 말인 것 같지만, 어쨌거나 톰 크루즈에게만큼은 그 경험들에 대한 기억은 과거입니다. 단지 다른 이들은 이런 '여러 가지 미래를 검증해 본 시도들에 대한 과거의 기억'이 없을 뿐입니다. 이는 그저 여러 가지 가능한 미래를 상상해 보는 것과는 조금 다릅니다. 왜냐하면 톰 크루즈는 자신의 행동에 따라 수백 가지 변수가 여러 가지 경로로 다르게 작동하는 실제 미래를 경험해 보았기 때문입니다. 그리고 그는 죽음을 통해서만 그날 아침으로 다시 돌아갈 수 있기 때문에 끔찍한 대가를 지불하고 교훈을 얻은 것입니다.

저는 일기가 그만큼의 효능은 아니지만, 대신 이런 끔찍한 대가를 지불하지 않고 극 중의 톰 크루즈를 간접 경험해 볼 수 있게 해준다는 생각이 들었습니다. 일기는 흘러간 여러 현재와 미래의 기록입니다. 일기를 다시 읽을 때 저는 과거로 돌아가서 그 과거를 다시금 살아 보는 것입니다. 이때는 저번과 다르게 행동할 수 있었을까? 이건 반복할 만한 가치 있는 행동일까? 어떤 새로운 행동이 새로운 가치나 의미를 내게 가져다줄까? 일기를 다시 읽으며 중요한 사건에 줄을 치고 이에 대한 메모를 빈칸에 적는 행위는 마치 영화 속 톰 크루즈가 다양한 시도를 해 보며 실패한 과거들을 종합하여 승리를 위한 최선의 시나리오를 찾아낸 것과 비슷해 보입니다. 일기를 통해 과거를 돌아보고 미래를 고민하는 것은 마치 하루를 반복해서 경험할 수 있었던 톰 크루즈의 특권을 간접적으로나마 경험해 볼 수 있는 방법은 아닐까요? 아마도 그래서 그 영화가 유독 재미있었나 봅니다.

즉, 일기를 책처럼 대하는 것을 추천합니다. 마치 다른 사람이 쓴 일기인 듯, 누군가의 책을 읽는 듯, 줄도 그어 가면서 여백에는 메모도 남겨 보면 좋습니다. 그렇게 하면 과거의 나를 타이르고 칭찬하기도 하면서 오늘은, 내일은 어떻게 더 나은 나로 살아갈 수 있을까를 고민할 수 있는 시간을 얻을 수 있을 것입니다. 이 책은 포털 어디를 검색해도 나오지 않는 오직 여러분만의 이야기입니다. 나만의 '굵직한' 이야기를 평소에 의식하고 있는 것을 통해서 수많은 정보와 수많은 디지털 군중의 강력한 목소리에 휩쓸려 다니지 않을 힘을 얻을 수 있습니다. 타인이 나에 대해 가지는 오판이나 나 스스로가 자신에게 가지는 오판을 피할 수 있습니다. 이는 자신에게 지나치게 관대하거나 지나치게 가혹해지지 않는 것에도 도움이 됩니다.

□ 삶의 중요한 몇 가지 다시 쓰기(Re-writing 'F.I.T')

우리 삶의 중요한 가치 중에는 오랜 시간 동안 변하지 않는 것들이 있는 반면에 꼭 변해야 하는 것이 있기도 합니다. 특히 급변하는 디지털 시대에서는 더욱더 그렇습니다. 인간이 환경을 변화시키면 환경이 다시금 인간에게 변화를 요구합니다. 이런 변화를 반영하여 내용들을 갱신하는 것이 필요합니다. 과거에는 성공적이었던 태도나 습관이 지금 시대에는 더 이상 유효하지 않을 수 있습니다. 시대가 변화했기 때문일 수도 있고 내 삶의 단계적인 변화, 직장의 변화, 개인의 심적인 변화 등 여러 가지 원인으로 인해 우리는 가치관과 태도를 바꾸어야 할 수도 있습니다. 그리고 수첩에 다짐들을 기록하다 보면 양이 조금씩 늘어나기 때문에 이를 갱신하면서 그 양을 관리하는 활동이 필요합니다. 저는 이것을 '다시 쓰기(Re-writing)'라고 간단히 명명해 봤습니다.

불렛저널 방법론이라고 들어보신 적이 있는지요? 주의력 결핍 증후군(attention deficit disorder)을 겪은 디지털 제품 디자이너였던 라이더 캐롤이라는 저자가 만든 종이 노트 활용법입니다. 저자는 블로그를 통해 종이 노트 한 권으로 할 일, 목표, 일정, 아이디어 기록 등 모든 것을 관리하는 방법론을 알렸고 긍정적인 반응을 얻어서 불렛저널 노트 제품과 『불렛저널 방법론』이라는 저서를 아마존에 출시했습니다. 얼마 전에는 한국 서점에서도 그의 번역서를 볼 수 있었습니다. 당시 저는 직장에서 스마트 워커, 디지털 노마드 및 페이퍼리스 오피스의 구현자로서의 삶에 푹 빠져서 살아가던 시기였습니다. 그의 방법은 신선했었습니다. 조금씩 디지털 도구들에 치여서 피로감을 느껴 가던 시기였고 만년필 취미를 가지기 시작한 시기여서 그런지 그의 제안은 매우 매력적이었습니다. 이에 저는 시험적으로 그의 방법론을 실천해 보기로 했습니다. 하지만 이내 몇 가지 이유로 그만둘 수밖에 없었습니다. 일단 저는 해야 할 일이 많았는데, 제가 할 일들을 빠짐없이 노트에 기록하는 것이 불편했습니다. 그리고 반복되는 직무들이 많았는데, 이전의 저는 캘린더 앱에 직무 수행 방법을 간결하게 정리하여 반복 일정 기능을 활용하고 있었습니다. 그런데 종이 노트에 이런 반복 일정과 작업들을 매번 작성하는 것은 매우 번거로웠습니다. 그리고 그가 주장한 '빠른 기록'은 제가 해야 할 일과 일정, 생각 등을 떠오르는 대로 즉시 노트에 기록하게 되어 있었는데 A5 크기의 노트를 사무실 안에서 항상 들고 다니며 생각이 떠오를 때마다 노트를 펼치고 펜을 꺼내서 기록하기는 어려웠습니다. 그는 노트의 크기가 너무 작아서도 안 되며 너무 커도 안 된다고 했는데 이 크기의 노트는 '빠른 기록'을 위해 언제나 손안에 있을 수 있는 크기는 아니었습니다. 그리고 '이사하기(Migration)'라는 과정을 한 달에 한 번씩 할 때마다 미뤄진 일들이 없는지 한 달간의 기록을 모두 살피고 다음 달에 다시금 미래 일정을 기록해야 했는데, 당시 저는 일정이 바뀌는 경우가 있는 편이었고 잔일이 많아서 기록하는 일이 너무 많았습니다. 그 결과, 노트도 상당히 엉망이 되고 알아보기도 힘들어졌습니다. 결국 이러한 이유로 저는 다시 스마트 워커로 돌아갔습니다. 하지만 지금에 와서야 보니 이때 느낀 아쉬움이 어쩌면 지금 제가 'F.I.T 방법론'과 메모웨어를 기획하게 된 동력원 중의 하나였다는 생각이 듭니다.

그간 겪었던 어려움 중에는 '이사하기(Migration)' 단계가 포함되어 있었지만, 이것을 실천해 보면서 한 가지 매력도 느꼈습니다. 미뤄진 일들, 완료되지 않은 일들을 다시 쓰면서 그 일들의 내용이 새롭게 머릿속에 각인되는 효과를 경험했습니다. 이런 각인, 즉 그 내용을 제 기억 속에 새겨 넣는 효과를 수많은 작업, 일에 대한 내용이 아니라 삶의 중요한 몇 가지 내용에 적용한다면 어떨까 하는 생각이 들었습니다. 저는 이 과정을 다시 쓰기(Re-writing)라고 좀 더 활동 중심으로 명명해 보았습니다.

수첩의 기록들은 다시 쓰기의 가치가 높은 내용들입니다. '다시 읽기' 습관을 통해 기록 내용들을 반복적으로 보는 기간이 길어질수록 문장의 의미가 다소 예전만큼의 무게를 가지기 어려워질 수 있습니다. '당연한 것'이 되면 중요성을 느끼기 어렵기 때문입니다. 이런 시기가 도래한 것 같으면 다시 쓰기를 하시면 되는데 가장 최근의 빈칸에 쓰시면 됩니다. 그리고 다시 쓰기를 한 이전 문장에는 '취소선'을 그으면 됩니다. 모든 내용을 다시 쓸 필요는 없습니다. 최근에 좀 더 상기했으면 좋을 법한 내용들 위주로 수시로 이렇게 다시 쓰면 됩니다. 그리고 다시 쓰기를 하실 때는 이전 내용을 그대로 옮겨도 되지만, 새로운 내용을 추가 또는 보완하셔도 됩니다. 동일한 의미이지만 다른 문장으로 써 보는 것을 저는 추천합니다. 다른 문장으로 써 보면 그 문장이 무엇을 의미하는지를 좀 더 생각하게 되는 효과를 보실 수 있습니다.

이렇게 다시 쓰기를 하다 보면 수첩이 꽉 찰 것입니다. 그럼 수첩을 옮기셔야 하는데 이때 대대적인 다시 쓰기를 하실 수밖에 없습니다. 삶의 중요한 몇 가지 내용이 많아진 상태라면 귀찮아서라도 그 수를 우선순위에 따라서, 또 줄일 수밖에 없는 일종의 강제적인(?) 요약을 하셔야 합니다. 이리하여 삶의 중요한 '몇 가지(a few)'라는 이름에 걸맞게 수첩 기록을 관리하실 수 있습니다. 하지만 '몇 가지(a few)'라는 개념 때문에 수첩에 기록하는 데 소극적이지 않으셨으면 합니다. 일단은 기록하시고 진행하시다 보면 다짐의 내용이 제거되든지, 수정되든지, 살아남든지(?) 할 것입니다.

그리고 이전 수첩은 버리지 않고 보관하시면 나의 가치관 역사 기록됩니다. 일기 다시 읽기와 더불어 생각나실 때 다시금 과거에 내가 가졌던 중요한 몇 가지들이 무엇이었는지 살펴보시면 반복되는 가치들이나 다짐들을 발견하실 수 있습니다. 이런 내용들은 장기적인 사명이나 비전 등을 발견하거나 수정하고 또 더 발전시키는 데 도움이 될 내용들입니다. 이처럼 수첩은 내게 가치 있는 내용들만 담았기 때문에 종잇값 이상의 가치를 가지게 됩니다.

이 4R의 과정은 포켓 펜과 작은 수첩 그리고 노트 하나만 있으면 실천하실 수 있습니다. 서점에 가시면 미니 수첩은 1,000~3,000원 사이 정도의 가격으로 살 수 있습니다. 포켓 펜은 포털에서 검색하시면 적당한 가격의 제품이 나올 것입니다. 제가 직접 이렇게 해서 다녀봤는데 주머니 속의 수첩 크기가 적당하다면 큰 불편함이 없었습니다.

하지만 저는 'F.I.T 방법론'에 딱 맞는 제품들을 기획해보고 싶었습니다. 그래서 저는 인스피레(Inspira.E)를 창업하고 메모웨어 세트를 만들었습니다.

06

인스피레(Inspira.E)의
메모웨어 세트

○

4R을 하려면 수첩, 노트 그리고 바지가 필요합니다. 수첩과 노트야 원래 메모를 위한 것이니 따로 이 제품군의 분류를 만들어 줄 필요가 없었습니다. 하지만 의류는 이런 분류가 존재하지 않았습니다. 기능성 바지에 펜을 꽂는 주머니가 있는 경우가 있긴 했지만, 그렇다고 그 의류를 '메모웨어'라고 부르지는 않았습니다. 기능성 작업복이기 때문에 여러 연장 중에 펜이 포함되는 것이었을 뿐이었기 때문에 이런 정체성이 따로 구체화되어 있지 않았습니다. 그래서 저에게는 새로운 의류 카테고리가 필요했습니다. 메모웨어라는 이름을 붙이고 결국 수첩과 노트가 이 바지와 함께 사용되므로 메모웨어 세트라고 이름 지었습니다.

그리고 저는 회사를 하나 창업했습니다. 이름은 인스피레(Inspira.E)입니다. '영감을 주는 탁월함(Inspirational Excellence)'이란 의미로 '중요한 몇 가지 중심의 라이프 스타일(a Few Important Things-Centered Lifestyle)'을 결국 고객들에게 가져다줄 가치로 삼고자 합니다. 여러분 주변의 탁월한 누군가를 떠올려 보시면 나도 탁월해지고 싶다는 열망을 느끼게 되실 겁니다. 하지만 탁월하다고 해서 저절로 타인에게 영감을 주지는 않습니다. 탁월한 도둑질은 다른 도둑들에게는 영감을 줄지 몰라도 대중들에게는 분노를 일으킵니다. 특히나 도둑을 맞은 주인에게는 더욱더 그렇습니다. 인성과 능력이 함께 성장하는 탁월함은 영감을 일으킬 가능성이 높습니다.

로고를 고민하다가 평소 존경하던 인물인 미국의 16대 대통령 에이브러햄 링컨이 떠올랐습니다. 메모를 휴대하며 활용하였던 유명인들의 명단은 꽤나 긴 편인데 그중에서도 링컨은 특이한 경우입니다. 왜냐하면 그는 모자에 중요한 메모를 넣어 다녔기 때문입니다. 도대체 왜 모자였을까요? 여러 자료를 찾아봤지만, 그 이유를 발견할 수 없었습니다. 일종의 특수한 기억법은 아닌가 싶습니다. 바지 주머니에 넣어 다니는 것들과 섞이지 않는 특별한 장소를 원했나 봅니다. 저도 그래서 바지에 오직 메모만을 위한 특별한 장소를 마련했고 이에 맞추어 수첩도 설계해 봤습니다. 그래서 저는 메모웨어라는 새로운 종류의 바지와 이에 맞는 수첩을 제작했습니다. 그리고 일기장의 양식도 나름대로 만들어 보았습니다. 모든 제품은 삶의 중요한 몇 가지를 강조하기 위해서 영어 이니셜을 붙였습니다. 'F.I.T'이란 이니셜이 바지에 중요한 핏(Fit)과도 의미가 잘 맞아떨어져 마음에 들었습니다. 그래서 정해진 이름은 다음과 같습니다.

① 핏노트과 핏노트 미니: F.I.T Note&F.I.T Note Mini

② 핏 저널: F.I.T Journal

③ 핏 팬츠: F.I.T Pants

□ 핏노트와 핏노트 미니(F.I.T Note&F.I.T Note mini)

핏노트와 핏노트 미니는 모두 바지 주머니에 쏙 들어가는 미니 수첩입니다. 핏노트는 좌우로 펼치는 노트이고 핏노트 미니는 위 아래로 펼치는 방식입니다. 핏노트는 'F.I.T' 방법론인 4R을 실천하는 핵심 제품입니다. 핏노트는 다음 그림과 같이 3가지 공간을 가지고 있는데 핏노트 미니는 앞 포켓 또는 뒷 포켓에 끼워 넣습니다. 둘 다 얇아서 이렇게 함께 가지고 다니셔도 '바툭튀' 걱정은 하지 않으셔도 됩니다.

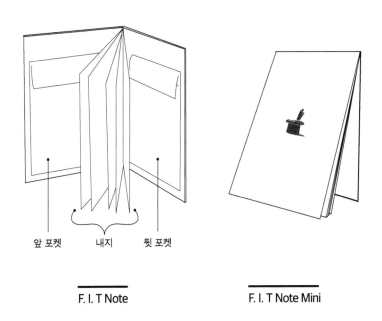

앞 포켓   내지   뒷 포켓

F. I. T Note   F. I. T Note Mini

핏노트와 핏노트 미니는 'F.I.T' 방법론에 따라서 자유롭게 활용할 수 있도록 만들어졌습니다. 하지만 어디선가 시작하기는 해야겠습니다. 핏노트의 표준 활용 방법을 먼저 알려드리겠습니다.

핏노트는 내지를 찢을 수 있게 만들어졌습니다. 회의 메모, 아이디어 스케치, 할 일 및 'F.I.T' 등을 내지에 자유롭게 적어 나가시기 바랍니다. 남겨두고 계속 보고 싶은 'F.I.T'을 발견했다 싶으면 아직 메모하지 않은 깨끗한 다음 장에 옮겨 적으시고 그 1장은 앞장과 뒷장 모두 'F.I.T' 이외에는 기록하지 마시기 바랍니다. 할 일 등의 기타 메모는 그다음 장부터 쓰시면 됩니다. 시간이 지나면서 필요 없어진 회의 메모나 아이디어 메모, 할 일 메모, 급한 메모들은 찢어서 버리고 나면 나중에는 'F.I.T'만 남은 핏노트가 됩니다. 남아 있는 'F.I.T' 중에서도 가장 중요한 문장은 깨끗한 1장 내지를 찢어서 기록하시고 앞 또는 뒷 포켓에 꽂아두시면 됩니다. 저는 이 종이를 핏 카드라고 부릅니다. 핏노트의 30장 중에서 25장은 기타 메모로 사용했기 때문에 다 찢어버리시고 'F.I.T' 5장만 남더라도 이 핏노트는 기억하기 쉬운 위치에 보관해 두셔야 합니다. 이런 핏노트들이 쌓여서 나중에는 여러분의 가치관 역사가 되기 때문입니다.

이와 더불어 핏노트 미니를 함께 활용하는 방법이 있습니다. 핏노트 미니는 핏노트보다 크기가 작고 내지 장수가 더 적습니다. 그래서 휴대성이 더 좋지만, 앞뒤 포켓이 없다는 단점이 있습니다. 핏노트 미니는 핏노트 대용으로 사용할 수 있으며 핏노트의 앞 또는 뒷 포켓에 꽂아서 쓰실 수도 있습니다. 뒷 커버만 넣으시면 포켓에서 빼지 않고 핏노트 미니의 내지를 넘겨 보기가 편리합니다. 이 경우 장기간 변하지 않을 것으로 예상되는 'F.I.T'들을 기록해두시면 됩니다. 예를 들면, 앞 포켓에는 가장 중요한 'F.I.T' 종이 한 장, 내지에는 현재 성장 및 갱신해 나가는 'F.I.T' 후보생들, 뒷 포켓의 핏노트 미니에는 선발된 소수의 'F.I.T'들을 기록하시면 됩니다. 내지는 마음껏 쓰는 장소이고 핏노트 미니는 좀 더 신중하게 기록하는 곳이며 핏 카드는 가장 신중하게 기록하는 곳입니다. 내지를 다 소진하셨다면 포켓에 들어 있는 핏 카드와 핏노트 미니는 모두 새로운 핏노트의 앞뒤 포켓에 끼워 넣으시면 됩니다.

당연히 이렇게 사용하지 않고 여러분께서 원하시는 대로 사용하실 수도 있습니다. 결국 핏노트나 핏노트 미니 둘 다 비어 있는 노트일 뿐이니까요.

저 같은 경우에는 일정과 할 일은 모두 디지털 앱을 활용하고 핏노트는 'F.I.T' 중심으로 앞에서 말씀드린 방법대로 활용하고 있습니다. 'F.I.T 방법론'은 이렇게 디지털-아날로그 도구의 양립이 가능합니다.

불렛저널을 하시는 분들에게는 메모웨어 세트가 '빠른 기록(Rapid logging)'의 잠재력을 더욱 끌어내는 도구가 될 수 있습니다. 불렛 방법론은 '빠른 기록'을 다음과 같이 말합니다.

> "빠른 기록 방식은 일이 발생하는 순간 우리의 삶을 효율적으로 담아내어, 깊이 생각할 수 있도록 도와줄 것이다."
>
> -『불렛저널』, 라이더 캐롤

저는 이 문장을 읽고 어떻게 회사 복도에서 동료와 이야기하다가 문득 떠오른 좋은 아이디어를 '발생하자마자 그곳에서' 바로 기록할 수 있을지에 대한 방법이 다음 문장에서 이어질 것이라고 기대했습니다. 하지만 '빠른 기록'의 예시를 보니 기호를 활용하여 짧고 간결한 문장으로 만드는 것이 '빠른 기록'임을 알게 되었습니다. 즉, 시점에 관한 것이 아니라 '알아보기 쉽고 간결하게' 씀으로써 빠르게 기록한다는 의미였습니다. 불렛저널의 기호와 간결한 표현을 활용하는 '빠른 기록' 방식은 유용했지만, 스마트폰 수준의 즉석 메모는 할 수 없었습니다. 불렛저널이 활용하는 노트는 A5~6 사이즈로 도저히 주머니에 들어가지 않는 크기이기 때문입니다. 즉, 즉석 메모를 하려면 손에 노트가 항상 들려 있어야 합니다.

이 크기의 노트로는 '어딘가 앉아서 노트를 펼칠 수 있을 때'가 되어야 '빠른 기록'을 할 수 있습니다. 하지만 바쁜 직장에서는 내가 원할 때마다 언제나 그런 시간과 장소를 확보하기에는 어려울 수 있습니다. 또 정신없이 여러 일을 처리하다 보면 기억이 흐릿해지기도 합니다. 스마트폰은 항상 손 또는 주머니에 있기 때문에 무언가를 기록해야 할 경우 저는 메모 앱을 사용해서 즉석 메모를 해 왔습니다. 사실 이런 메모는 스마트폰의 할 일 앱, 메모 앱이 확실히 더 뛰어납니다. 하지만 만약 불렛저널로 즉석에서 '빠른 기록'을 하고 싶거나 완전한 아날로그 할 일 시스템을 구축하고 싶다면 메모웨어 세트가 더 유용합니다.

하지만 당연히 단점도 있습니다. 월별 기록을 한눈에 보기 어렵다는 점, 할 일이나 아이디어 등 모든 기록을 한 가지 노트에만 다 기록하는 불렛노트의 특성상 빠른 속도로 노트 내지가 소모될 것이라는 점 등입니다. 나중에는 노트가 너무 많아지고 원하는 기록을 찾기 힘들 수도 있습니다. 글씨를 좀 더 작게 쓰는 등으로 조절한다고 해도 말입니다.

이런 단점을 감수하시겠다면 준비물은 다음과 같습니다. 일반 바지를 입으시는 날에는 핏노트와 포켓펜(또는 목걸이형 펜홀더), 메모웨어 핏 팬츠를 입으시는 날에는 전용 펜 포켓과 메모 포켓을 활용하시면 됩니다.

□ 핏 저널(F.I.T Journal)

핏 저널은 기본적으로 A5 사이즈의 종이 노트입니다. 번역하면 일기이지만, 꼭 매일 쓰는 일기를 목적으로 하는 노트는 아닙니다. 핏노트의 'F.I.T'이 생겨난 비하인드 스토리 기록하기, 새로운 'F.I.T'을 발견하기, 그리고 이미 만들어진 'F.I.T'으로 스스로를 평가하는 도구로 사용하는 것이 주된 목적입니다. 쉽게 생각하면 '이건 꼭 기록해둬야겠어.'라는 느낌이 드는 경험이라면 쓰시면 됩니다.

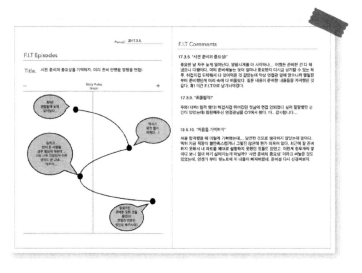

  왼쪽 페이지는 F.I.T Episodes, 즉 중요한 몇 가지 에피소드라고 부르며 이는 기간, 제목 그리고 이야기 맥박 그래프(Story Pulse Graph)로 이루어져 있습니다. 오른쪽은 왼쪽 페이지에 대한 F.I.T Commnets, 즉 중요한 몇 가지 코멘트를 기록합니다.

  주의할 점은 왼쪽 페이지의 기간은 이야기 맥박 그래프의 회상 기간이라는 점입니다. 그래프를 작성한 날짜가 아닙니다. 목차에 기록하실 때도 회상 기간을 쓰셔야 합니다. 그리고 오른쪽 페이지의 각각 코멘트에도 기록 날짜를 쓰는데 이는 그 코멘트의 작성 날짜입니다. 오른쪽 페이지에는 마치 SNS에 댓글을 달 듯이 각각 다른 날의 코멘트들이 달릴 수 있기 때문입니다. 핏 저널은 매일 쓰는 일기가 아니기 때문에 매일 꼭 써야 한다는 압박을 느끼지 않으셔도 됩니다. 핏 저널을 쓰지 않는 날에는 이전 핏 저널의 기록들을 살펴보시는 것을 추천합니다. 예전 핏 저널을 읽다가 코멘트를 하고 싶으시면 오른쪽 페이지에 댓글을 달 듯이 기록하시면 됩니다.

　일기처럼 매일 쓰신다면 스토리텔링 능력을 훈련하는 효과를 보실 수 있습니다. 그날그날 중요한 상황을 중심으로 시간 순서대로 기억해내려는 시도는 기억 근육도 강화시켜 줄 것입니다. 또한, 핏노트를 펼쳐놓고 다짐대로 살고 있는지를 스스로 평가해 볼 수도 있겠습니다. 사실 핏노트를 활용한 하루, 일주일, 한 달, 일 년 등의 단위 평가는 '작심삼일'을 극복하거나 과하게 높은 목표, 다짐 등의 'F.I.T'을 수정하는 데 도움이 됩니다.

　이야기 맥박 그래프는 좋은 경험과 안 좋은 경험을 맥박 기록처럼 한눈에 볼 수 있도록 해 주는 시각적인 스토리텔링 양식입니다. 가로 선은 '가치 축'이며 세로 선은 '시간 축'입니다. '가치 축'에서는 안 좋은 경험일수록 왼쪽으로, 좋은 경험일수록 오른쪽에 기록합니다. 부정적인 경험은 기호 마이너스로, 긍정적인 경험은 기호 플러스로 표기했습니다. 좋지도, 나쁘지도 않은 애매한 경험은 중간 선에 기록합니다. '시간 축'에서는 이야기의 시작은 가장 위에서 하며 그 끝은 가장 아래입니다. 시간 단위는 신경 쓰지 않으셔도 되지만, 시간순서는 지키셔서 위에서 아래로 기록하시면 됩니다. 물론, 구체적인 시간 단위를 쓰시고 싶으시면 '시간 축'에 표기해서 활용하셔도 됩니다.

　이야기 맥박 그래프는 핏 저널링의 장점 중 하나입니다. 최고, 최악의 경험을 파악하기 쉽고 주로 어떤 상황에 대해 긍정 또는 부정적으로 나 자신이 반응하는지를 쉽게 알 수 있습니다.

　맥박 그래프의 회상 기간을 여러분이 임의로 설정하실 수 있다는 점을 잘 활용하시면 기존의 '1일의 사건을 그날 저녁 나열하는 기록'이라는 틀을 어느 정도 벗어나실 수 있습니다. 기록 대상이 직장에서 오후 1시부터 6시까지의 정말 긴박한 5시간일 수도 있습니다. 혹은 사업하느라 3일처럼 지나간 3년의 창업 경험 회상일 수도 있습니다. 또는 은퇴하시면서 회상하시는 33년간의 직장 경험일 수도 있습니다. 어떤 것이든 이 두 페이지에 요약하실 수 있습니다(긴박했던 5시간이 별일이 없었던 5일보다 훨씬 더 일이 많았을 수도 있기 때문에 5시간인 경우에도 요약이라고 할 수 있습니다).

회상 기간이 길면 칸이 모자랄 수도 있습니다. 이런 경우 다음 장에 동일한 제목을 쓰시고 뒤에 '2'를 붙이면 되겠습니다. 하지만 'F.I.T' 원칙에 따라서 최대한 요약하시는 것을 추천합니다.

마지막으로 제목입니다. 제목은 이야기 맥박 그래프, 코멘트를 다 쓰신 다음에 작성하시는 것을 추천합니다. 그렇게 하면 머릿속에서 사건들이 잘 정리된 상태이기 때문에 제목 정하기가 쉬울 겁니다. 딱히 제목이 떠오르지 않으면 이야기 맥박 그래프에서 '플러스' 쪽의 가장 높은 사건과 '마이너스' 쪽의 가장 낮은 사건을 제목에 기록하시면 됩니다. 극단에 있는 사건들이야말로 여러분에게 중요한 경우일 때가 많고 또 목차 명단에서도 이런 제목들이 눈에 띄기 때문입니다.

제목들은 중요한 역할을 합니다. 핏 저널의 마지막 단계가 핏 저널 제목 목차 만들기인데 이것이 또 하나의 이야기 맥박 그래프를 만들어내기 때문입니다.

이 목차는 핏 저널의 가장 앞쪽에 있습니다.

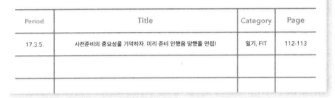

목차

Period	Title	Category	Page
17.3.5.	사전준비의 중요성을 기억하자. 미리 준비 안했음 망했을 면접!	일기, FIT	112-113

회상 기간(Period), 제목(Title), 종류(Category), 쪽(Page)이 보입니다. 즉, 이 목차를 훑어보시면 몇 달간의 기록을 가장 중요한 내용을 위주로 빠르게 파악할 수 있습니다. 그래서 제목을 잘 선정할수록 목차의 가치가 올라갑니다. 3~4페이지 정도만 읽어 보아도 1년 동안 겪은 중요한 사건들과 중요한 교훈들을 빠르게 파악하실 수 있습니다. 그리고 별표 등으로 특별한 날에 표기해 두면 맥박 그래프와 같은 효과를 보실 수 있습니다. 연말에 1년 결산을 하고 싶으신 분은 이 목차를 보면서 그중에서도 최악의 사건 3가지, 최고의 사건 3가지 등을 선정하여 핏 저널링을 해 보실 수도 있습니다.

특히 종류 칸을 잘 기록해두시면 나중에 찾아보기 쉽습니다. 그 예로, 하루의 기록인 경우에는 '일기'라고 종류 칸에 써 주시면 됩니다. 하지만 8일간의 여행 기록이라면 종류 칸에 '여행'이라고 쓰셔야 합니다. 그리고 특히 종류 칸이 중요한 이유는 핏 저널에는 핏노트에 들어갈 'F.I.T'의 비하인드 스토리를 기록하게 되어 있기 때문입니다.

앞서 보여 드렸던 핏 저널의 예시에서는 직장 면접을 보러 가는 중에 겪었던 여러 에피소드 중에서 '사전 준비를 철저하게 하자'라는 F.I.T을 발견했습니다.

F.I.T Comments

17.3.5. "사전 준비의 중요성!"
중요한 날 자꾸 늦게 일어난다. 알람시계를 더 사야하나... 어쨌든 준비한 건 다 해놨으니 다행이다. 미리 준비해놓는 것이 얼마나 중요한지 다시금 상기할 수 있는 하루. 허겁지겁 도착해서 다 잊어먹은 것 같았는데 막상 면접관 앞에 앉으니까 몇일전부터 준비했던게 머리 속에 다 떠올랐다. 질문 내용이 준비한 내용들을 자극했던 것같다. 휴! 이건 F.I.T으로 남겨놔야겠다.

17.3.9. "최종합격!"
우와! 대박! 합격 했다! 허겁지겁 뛰어갔던 첫날에 면접 안되겠다 싶어 절망했던 순간이 있었는데! 칭찬해주신 면접관님을 OT에서 봤다. 아.. 감사합니다...

19.5.10. "처음을 기억하자"
처음 합격했을 때 이렇게 기뻐했는데... 당연한 것으로 생각하지 않았는데 말이다. 딱히 지금 직장이 불만족스럽거나 그렇진 않은데 뭔가 의욕이 없다. 최근에 잘 준비하지 못해서 내 파트를 제대로 설명하지 못했던 것들도 있었고, 이런게 한두개씩 쌓이다 보니 일이 하기 싫어지는게 아닐까? '사전 준비의 중요성' 이라고 써놓은 것도 있었는데, 언젠가 부터 핏노트에 이 내용이 빠져버렸네. 준비성 다시 신경써보자.

이 핏 저널의 내용을 참고하여 핏노트에는 이렇게 정리해서 옮길 수 있겠습니다.

"첫 직장 면접 때 고생했던 것을 기억하는가?
미리 준비하지 않았으면 큰일 날 뻔했다.
무슨 일이든 미리 잘 준비하자." 17. 3. 5. (J)

기록 날짜 뒤의 '(J)'는 2017년 3월 5일 자 핏 저널에 이 'F.I.T'의 비하인드 스토리가 있다는 것을 의미합니다. 그런데 3번째 코멘트를 보면 2년쯤 뒤에 '다시 읽기'를 하다가 기록한 댓글이 있습니다. 시간이 지나면서 위 'F.I.T'을 핏노트에서 제거했나 봅니다. 그래서 최근에 이와 관련된 문제를 겪었는데 이를 다시 추가해야겠다는 다짐을 합니다. 핏노트의 가장 최근 칸에 이 다짐이 기록되었을 것입니다.

　이렇게 여러분만의 이야기들이 목차로 요약되어서 쌓이기 시작하고 종류가 잘 분류되어 있으면 '다시 읽기'가 수월해집니다.

　앞에서 말씀드렸듯이 핏 저널은 매일 기록하셔도 되지만, 꼭 매일 기록하지 않으셔도 됩니다. 하지만 중요한 사건이 있었다는 생각이 들 때는 꼭 기록해 보시길 바랍니다. 너무 핏 저널이 많아져도 나중에 보기 힘들어집니다. 쓸 일이 없는 날은 목차를 훑어보시고 이전 핏 저널들을 읽어보시며 코멘트를 남기는 것을 추천합니다. 핏 저널을 막 시작하셔서 다시 읽을거리가 없는 분들은 지금 여러분의 가치관을 형성한 과거의 중요한 사건이나 경험들을 '회상'으로 설정하고 몇 가지 적어 보시기 바랍니다.

　만약 플래닝을 정기적으로 하시는 분이라면 핏 저널을 쓰고 난 뒤에 플래닝하시는 것을 추천합니다. 아침에 플래닝하시는 분들이라면 전날 밤에 작성한 핏 저널을 한 번 더 펼쳐보는 것도 도움이 될 수 있습니다. 핏노트와 핏 저널을 기록하고 다시 보는 행위를 정기적으로 하는 것만으로도 '삶의 중요한 몇 가지'를 중심으로 플래닝을 하시는 데 도움이 될 수 있습니다.

　마지막으로, 눈치채셨겠지만, 꼭 인스피레의 핏 저널 제품이 아니더라도 핏 저널링을 하실 수 있습니다. 원하시는 브랜드의 노트를 구입하셔서 원하시는 위치에 이야기 맥박 그래프의 선 3개만 그으시면 됩니다. 밑줄이 그어진 노트보다는 점이 찍혀 있는 내지나 격자 내지를 추천드립니다. 맥박 그래프를 작성하실 때는 맥박 그래프의 가장 아래 가로 선은 긋지 마시고 내용을 기록하셔야 합니다. 핏 저널 양식과는 다르게 맥박 그래프에 들어갈 내용의 양을 자유롭게 정하실 수 있기 때문에 기록이 완료되면 아래 선을 그어서 맥박 그래프를 완료하면 됩니다. 당연히 코멘트의 양도 원하시는 만큼 쓸 수 있습니다.

이렇게 할 경우 첫 장부터 바로 핏 저널을 하시면 되는데 이때 목차는 가장 뒷장에서 거꾸로 써 내려가시는 것을 추천합니다. 노트 한 권에 몇 개의 에피소드를 쓸 수 있을지 예측할 수 없기 때문입니다. 핏 저널링을 하시다 보면 언젠가는 목차와 만나게 될 텐데, 그때가 기록 완료 시점입니다. 에피소드의 페이지 번호를 목차에 잘 기록해두시기 바랍니다.

자유 양식의 단점은 코멘트가 늘어나는 경우 페이지가 넘어가 버리기도 해서 맥박 그래프와 코멘트가 한눈에 다 들어오지 않을 수도 있다는 점입니다. 'F.I.T' 원칙은 '중요한 몇 가지'이기 때문에 핏 저널의 왼쪽 맥박 그래프와 오른쪽 코멘트 1장 양식은 요약을 부추깁니다. 즉, 이 1장의 페이지 양에 맞게 중요한 몇 가지만을 선별하게 하는 효과가 있습니다. 중요한 일이지만 내용이 많이 없는 경우에는 글씨를 좀 더 크게 써서 강조하거나 많은 여백을 남겨서 '다시 읽기'할 때 댓글을 더 쓸 수 있는 공간을 마련할 수도 있습니다.

자유 양식을 쓰시기 전에 표준적인 핏 저널 양식에 어느 정도 익숙해지시는 것을 추천합니다. 그리고 둘 다 활용해 보시고 더 선호하는 방식을 선택하면 되겠습니다.

□ **메모웨어 핏 팬츠(Memo-wear: F.I.T Pants)**

펜 2개

핏미니북과
일반 메모장 2권까지!

시중에는 '~웨어'라는 이름이 붙은 의류가 꽤 많습니다. 기존의 골프웨어나 스포츠웨어 말고도 어드벤쳐 웨어, 라이프웨어 등 콘셉트가 있는 웨어들도 있습니다. 게다가 스마트 웨어처럼 디지털 도구와 융합된 4차 산업 관련 기능 의류도 출시되고 있습니다. 이런 '웨어'의 대열에 메모웨어도 합류해 보고자 합니다. 종이 수첩과 펜을 항상 휴대할 수 있는 바지를 만들면서 이름을 뭐로 하면 좋을지 꽤 고민했습니다. 라이팅 웨어(Writing-wear), 드로잉(drawing-wear), 개인 생산성-웨어, 핏(F.I.T) 웨어 등 여러 가지가 떠올랐는데 결국 메모웨어로 결정했습니다. 라이팅 웨어(Writing-wear)는 이름의 느낌이 펜에만 너무 초점이 가 있고 핏(F.I.T) 웨어는 'F.I.T' 방법론만 부각시킵니다. 메모웨어는 'F.I.T' 방법 외에도 더 일반적인 용도로 사용할 수 있으며 펜과 종이 둘 다 있어야 가능하므로 메모웨어가 낫겠다 싶었습니다. 그리고 바지의 구체적인 이름에다 'F.I.T'이라는 이름을 붙였습니다. 이로써 메모웨어는 인스피레가 만든 의류의 새로운 카테고리가 되었고 핏 팬츠는 인스피레의 구체적인 제품이 되었습니다.

일단 외관상으로는 일반 바지와 차이가 거의 나지 않게 제작했습니다. 주머니가 많이 달린 기능성 작업복이 아니라 일상에서 입을 수 있고 직장에서 입어도 무리 없는, 티 나지 않는 디자인입니다. 일반 사이즈의 펜 2개와 핏노트가 딱 맞게 들어가는 주머니가 일반 주머니 약간 아래에 있을 뿐입니다. 펜 2개와 핏노트 1개를 넣고 다녀도 '바툭튀'가 거의 없습니다. 그리고 양반다리를 하고 앉거나 심지어 옷을 갈아입을 때도 핏노트와 펜이 빠지지 않습니다. 그러면서도 펜과 핏노트를 주머니를 쳐다보지 않고 한 손으로 넣고 빼기 쉽게 만들었습니다.

펜이 2개가 들어갈 수 있도록 만든 이유는 디지털 펜도 아날로그 펜과 함께 휴대할 수 있도록 하기 위한 것입니다. 삼성의 갤럭시 노트는 작은 펜을 스마트폰 본체 내에 수납할 수 있어서 편하지만, 펜이 얇아서 쥐기 편한 편은 아닙니다. 가끔 급하게 잠깐 메모할 때 유용하긴 합니다. 그리고 때로는 펜이 제대로 수납되지 않아 바닥에 떨어뜨리는 경우도 가끔 있는 편입니다. 그래서 그런지 최근의 삼성 태블릿 제품들을 보면 디지털 펜의 몸통이 두꺼워지는 추세입니다. 실제로 삼성은 라미(Lamy) 또는 몽블랑(Montblanc) 등의 만년필 회사와 협업하여 일반적인 펜 크기의 디지털 펜을 만들기도 했습니다. 메모웨어인 핏 팬츠는 이런 쥐기 편한 디지털 펜들을 함께 휴대할 수 있도록 설계했습니다. 그리고 애플의 경우에도 스티브 잡스의 손가락 예찬을 벗어나 점점 더 디지털 펜을 자신들의 제품에 추가하고 있습니다. 애플 펜슬은 이제 2세대까지 나왔으며 애플의 아이패드 태블릿에서 사용 가능합니다. 2019년의 아이폰 프로 라인에는 휴대 펜슬을 추가한다는 루머가 출시 전에 나돌았지만, 올해는 아닌 듯합니다. 하지만 만약 애플에서도 디지털 펜을 추가한다면 메모웨어의 펜 포켓이 더 유용하게 쓰일 것입니다.

주위 사람들과 이 이야기를 나누어 보니 왜 스마트폰 포켓은 안 만드냐고 제게 물어보셨습니다. 저는 제가 예측하기에 스마트폰은 더욱더 주머니에 들어가지 않게 될 것 같기 때문이라고 대답했습니다. 이미 스마트폰은 우리 손에 붙어 다닙니다. '스몸비'의 예는 앞서 충분히 말씀드렸으리라고 생각합니다. 어딘가에라도 앉으면 우리는 스마트폰부터 앉은 곳 테이블 위에 올려놓습니다(테이블 위에 내려놓기 전에는 아마도 한번 켜 보겠죠). 걸어 다닐 때는 뒷주머니나 점퍼 주머니에 넣습니다. 스마트폰의 화면이 점점 커지고 그 무게 또한 무거워지고 있기 때문에 핏노트 전용 포켓 위치에 스마트폰을 넣는 것은 매우 불편하고 보기에도 좋지 않습니다. 거기에 넣으면 앞에서 볼 때마다 바툭튀가 엄청납니다. 여름같이 점퍼를 안 입는 계절이나 사무실 안에서 점퍼를 벗어 놓아야 할 경우에는 거의 뒷주머니가 스마트폰이 '잠시' 머무르는 장소일 뿐입니다.

브랜드는 정확하게 기억나지 않지만, 메모웨어의 핏노트 전용 포켓 위치에 스마트폰 포켓을 달아놓은 바지가 있었고 제가 그 바지를 꽤 입고 다녀 본 적이 있습니다('건빵' 주머니 디자인의 기능성 작업복이 아니라 일상복 콘셉트였습니다). 수납은 편했지만, 바툭튀가 정말 심했습니다. 그리고 무거워서 어떤 때는 바지가 좀 내려가기도 했습니다. 급해서 뛰기라도 하면 스마트폰이 무거워서 덜렁거리는 것이 느껴질 정도였습니다.

스마트폰은 전화 및 문자 기능을 넘어서서 게임, 영상 등 일상 문화생활 전반으로 그 기능을 강화하고 있습니다. 따라서 앞으로는 '미니 사이즈 스마트폰'들이 사라질 가능성이 더욱더 커 보입니다. 4인치 정도 되는 폰 화면은 이제 더 이상 보기 힘드실 것입니다. 그렇게 작은 화면으로는 동영상 보기나 게임하기가 불편합니다. 콘텐츠의 수익성을 낮추는 도구는 사라질 가능성이 크겠죠.

아날로그 펜을 언제나 꺼내고 수납할 수 있는 상태로 휴대할 수 있다는 것은 몇 가지 이점이 있습니다. 핏노트와 연관 짓자면 잠깐 시간이 날 때면 어디서든 'F.I.T 방법론'의 4R 모두 가능합니다. 그리고 갑자기 추가되는 오늘의 할 일을 기록하기도 편합니다. 디지털 도구의 방해 없이 집중해서 아이디어를 쏟아 내거나 스케치하는 등의 상황에도 큰 장점을 가지고 있습니다. 사무실 안이라면 스마트폰 메모가 적절치 않은 상황에서 스마트폰만큼의 휴대성, 접근성으로 손 메모를 하는 데 있어서도 탁월합니다. 양쪽 주머니에서 펜과 메모를 꺼내기만 하면 되니까요. 또 책상 위의 적당한 펜을 찾기 위해서 헤맬 필요도 없으며 동료나 후임, 상사에게 잠깐 펜을 빌려달라고 할 필요가 없을 뿐만 아니라 언제나 빌려줄 수도 있습니다. 항상 펜과 메모가 준비된 사람으로 각인될 수 있는 기회를 제공하기도 합니다.

챙길 것이 더 많아져서 귀찮아질 것 같다고 생각하실 수도 있겠습니다. 하지만 노트를 가방에 넣는 것 대신에 바지에 넣는 것이니, 이미 노트를 쓰시던 분이라면 크게 추가적인 노동은 아닙니다. 저도 계속 입고 다니며 익숙해지고 나니 크게 신경 쓰이지 않습니다. 집에 오면 지갑과 열쇠를 빼서 두는 특정한 수납장이 있는데 그곳에 같이 넣어두었습니다. 아침에 옷을 입을 때는 다시 넣었고요. 오히려 그 과정에서 포켓 노트의 존재와 그 안의 중요한 몇 가지에 관한 내용을 재인식하는 효과를 보았습니다. '약간' 귀찮고 불편할수록 더 각인되는 효과가 크니까요!

어떤 분은 "그럼 항상 메모웨어를 입어야 하는 것인가?"라고 반문하실 수도 있습니다. 아닙니다. 일반 바지를 입으시더라도 핏노트는 작은 포켓 펜 정도는 한쪽 주머니에 넣어 다니기에 큰 부담이 없습니다. 미니 볼펜을 검색해 보면 꽤 여러 가지 선택지가 나옵니다. 저는 볼펜 브랜드로는 트로이카(Troika) 제품을 좋아하고 만년필 중에서는 카베코(Kaweco)의 스포츠(Sport) 만년필 라인을 좋아합니다. 작고 귀여운 만년필이죠.

만약 메모웨어 없이 일반적인 크기의 펜을 가지고 다시고 싶으시다면 목걸이형 펜 홀더를 추천합니다. 펜홀더 목걸이로 검색하시면 다양한 제품을 보실 수 있을 겁니다. 저도 과거에 직장 생활을 했을 당시에는 항상 펜 홀더 목걸이를 하고 다니며 즉각적으로 펜을 사용하고 다녔던 기간이 꽤 있었습니다(전자 담배냐고 물어보시는 경우가 많더군요. 참고로 전 비흡연자입니다). 특히 저는 상담 시에 펜을 많이 사용했기 때문에 매우 편리하게 사용했던 기억이 있습니다.

직장에서 메모웨어는 가방을 메고 외근 등으로 이동하는 중에도 유용하게 쓰일 수 있습니다. 가방 안의 필통 속에 들어 있는 펜을 꺼내기가 귀찮거나 상황에 안 맞을 때가 있습니다. 그럴 때 펜 포켓에서 펜을 바로 꺼내 쓰실 수 있습니다. 그리고 펜을 다시금 필통에 넣고 가방에 넣을 필요도 없습니다. 그냥 주머니의 펜 포켓에 넣으면 됩니다. 이렇게 생각해 볼 수도 있습니다. 스마트폰이 백팩에 항상 들어가 있다고 상상해 보시기 바랍니다. 아마도 사용 빈도가 상당히 떨어지겠죠. 여담이지만, 스마트폰 중독이 심하신 분이라면 이렇게 가방에 스마트폰을 넣어버리시고 블루투스 전화 송수신기를 주머니에 넣고 다니거나 또는 귀에 꽂고 다니시는 방법도 있습니다. 그렇게 하면 정말 긴급한 일이면 문자를 하지 않고 전화하게 됩니다.

펜이 바로 손에 닿는 곳에 있을 때 펜을 쓸 가능성이 커집니다. 그리고 이는 또다시 펜을 활용할 수 있는 상황을 더 쉽게 포착할 수 있게 도와줍니다. 스마트폰이 여러분을 항상 따라다니기 때문에 스마트폰으로 뭔가 하려는 경향이 강해지는 것처럼 말입니다. 종이책을 크로스백에 1권씩 넣어 다니며 독서 습관을 들이시려는 분들에게 메모웨어는 언제나 펜으로 종이책에 메모하며 독서하도록 부추기는 역할을 할 수 있습니다. 이런 경우에는 가뿐하게 가방 하나만 들고 나가서 아날로그 독서에 몰입하실 수 있습니다. 그리고 독서한 내용 중에서 정말 인상 깊었던 문장은 핏노트에 바로 기록으로 남기실 수도 있습니다. 독서의 효과를 높여 주는 방법입니다.

이렇게 바지는 매우 중요한 '휴대 환경'입니다. 스마트폰처럼 말입니다. 이제 스마트 의류, 스마트 웨어에 대한 소문들이 들려오는 것을 보면 더 확신이 듭니다. 구글은 최근 잭쿼드 기술(Jacquard technology) 프로젝트라는 이름으로 의류 회사 리바이스(Levi's)와 함께 협업하여 재킷을 출시했습니다. 재킷의 소매에 소형 블루투스 리모컨을 수납할 수 있도록 만든 것인데, 스마트폰을 통제하는 역할을 한다고 합니다. 스마트폰을 집에 놔두고 문을 나서려고 하면 알림을 준다고도 합니다. 스마트폰과는 이제 떼려야 뗄 수도 없는 시대가 되고 있습니다. 그리고 스마트 의류는 이제 시작입니다.

펜의 종류가 더욱 다양해지고 있다는 점도 메모웨어의 가치를 올려줍니다. 펜 몸통에 수평기, 자(ruler) 또는 가위가 있는 펜이 있는가 하면 '택티컬 펜'이라고 불리는 '생존 도구'도 있습니다. 윈도우 펀치(사고가 나서 차 안에 갇혔을 때 창문을 깨는 용도라고 합니다), 드라이버, 칼, 파이어 스틸, 로프 커터, 라이트, 휘슬, 그리고 볼펜 기능이 있습니다. 메모웨어에 넣어 다니면 나름 든든할지도 모르겠습니다. 저는 과거 직장 생활(상담, 사무직이었습니다)을 할 때 펜 홀더에 아주 작은 사이즈의 '맥가이버' 툴을 달고 다닌 적이 있습니다. 미니 가위, 미니 칼 그리고 송곳의 3가지 기능을 가지고 있었는데 생각보다 미니 칼이나 가위가 유용한 경우가 꽤 있더군요. 이것은 직업이나 직무의 종류마다 꽤 다른 부분이긴 합니다. 주머니가 바지에 주렁주렁 달린 작업복이라는 기능성 의류를 입고 일하시는 분들은 아예 일반적인 크기의 드라이버나 가위 등을 아예 넣을 수 있겠습니다. 하지만 이런 기능성 작업복을 입지 않는 사무 직무 중에서도 서류, 차트 정리 작업 시에는 일상복 같은 메모웨어 속 가위 펜 등의 다용도 펜이 꽤 유용할 때가 있겠습니다.

에필로그
다가올 미래

○

저에게는 3살과 6살짜리 두 아들이 있습니다. 아이들과 한창 놀다가 가끔 문득 이런 생각에 잠깁니다.

'이 아이들이 성인으로 살아갈 시대는 어떤 시대일까?'

모든 게 더 디지털화되어 있을까요? 저의 10년 전을 돌아본다면 확실히 지금은 그런 편입니다. 제가 20대 초반일 때보다 지금은 훨씬 더 많은 것이 디지털화되어 있습니다. 지난 10년처럼 디지털화가 마찰 없이 계속 가속된다고 가정할 때, 10년 뒤는 어떨지 상상하기 힘듭니다. 얼마 전에 발표한(2019년 하반기) 페이스북의 호라이즌 서비스를 보면 영화 〈레디 플레이어 원〉이 그리는 상상의 미래가 그리 멀지 않은 것일지도 모르겠다는 생각이 듭니다. SNS는 또 다른 차원으로의 도약을 준비하고 있습니다. 제가 중년의 나이에 접어들 때쯤엔 유럽풍의 거대하고도 멋진 가상의 고풍스러운 도서관에서 제 독서 앱에 저장된 약 200권 정도의 책을 쌓아 놓고 읽고 나서 세계 각국의 사람들이 조종하는 아바타들과 가상의 공간에서 북 쉐어링을 하게 될지도 모르겠습니다. 상상만으로도 즐겁습니다. (통역은 번역 인공지능이 해 주겠죠…?)

하지만 기술의 진보는 역시 그만큼 어두운 면도 함께 가지고 있습니다. 지금과 마찬가지로 말입니다. 뛰어난 기술이 남용, 오용 및 악용되는 것만큼 무서운 것도 없습니다. 선용되는 것만큼 좋은 것도 없듯이 말입니다.

이 책에서 중독 주제를 쓰다가 과거의 사건 하나가 기억났습니다. 저는 고등학생 때 어머니와 함께 급발진 사고를 겪은 적이 있습니다. 다행히 둘 다 목숨은 건졌지만, 심각한 수술을 받아야 했고 저는 근 한 달 동안 턱뼈의 회복을 위해 입을 열지 못하도록 윗니와 아랫니가 봉합되어 있었으며 코로만 숨을 쉬어야 했습니다. 밥을 먹지 못했기 때문에 한쪽 코에 호스를 장까지 집어넣은 뒤 주사기로 죽을 넣어서 끼니를 해결하는 시기를 한 달간 보냈습니다. 즉, 한쪽 코로만 숨을 쉬어야 했는데 수술 후 첫날에서 3일 정도까지는 밤에 잠을 자다가 한쪽 코가 막히면 죽을 것이라는 공포감에 잠을 이루지 못했습니다. 급발진 순간에 경험했던 죽음의 공포가 재현되는 것 같았습니다. 제 생각에는 20대 중반에 겪은 공황 장애가 이 경험과 연관이 있으리라고 추측합니다. 이 때문에 당시 저는 강력한 진통제로 고통을 완화하는 처방을 받았습니다. 제가 기억하기로는 3일 이상은 사용할 수 없다고 하더군요. 놀랍게도 그 주사를 링거를 통해 주입받은 뒤에는 밤에 편안하게 잠들 수 있었습니다. 하지만 3일이 지나고 나니 더 이상은 그 주사를 줄 수 없다고 간호사분께서 말씀하시더라고요. 저는 왜 안 되냐고 항의했지만, 순간 제 모습이 약물에 중독된 사람의 모습과도 비슷한 모습이라는 생각에 소름이 돋았습니다. 이후부터는 훨씬 약한 효과를 지닌 주사들로 대체되었고 저는 조금씩 밤의 공포와 맞서야만 했습니다. 하지만 그렇게 몇 주 정도가 지나니 진정제 주사의 도움 없이 한쪽 코로 숨 쉬면서 잠들 수 있었습니다. 이빨이 위아래로 봉합되었지만, 그래도 이빨 사이로(?) 숨을 약간은 쉴 수 있다는 것도 이런 시도 속에서 깨닫게 되었고요. 그리고 생각보다 한쪽 코가 막히지는 않는 편이었습니다. 결국 스스로 문제 상황을 직면하며 조금씩 면역력과 의지를 길러나가는 것이 해결책이었습니다.

우리네 일상도 비슷하지 않을까요? 심각한 삶의 어려움을 겪을 때, 또는 어쩔 수 없는 과도한 경쟁으로 인해서 우리는 중독적이고 도피성 쾌락에 빠지기 쉬운 시기를 지날 수 있습니다. 그리고 이 과정에서 스마트폰을 남용하기 쉽습니다. 하지만 점점 빠져나와야 합니다. 병원에서 3일간만 강력한 진통제를 주고 점점 더 약한 진통제를 처방했던 것처럼, 우리는 스스로에게 전문가가 되어야 합니다. 우리 안의 독재자에게 지지 않기 위해서 말입니다.

즉, 스마트폰을 통해서 모두가 거대한 힘을 가지는 세상에서 우리는 자신의 삶에 대한 책임 있는 전문가로서 성장해 가는 것이 더 중요해집니다. 상담학에서는 피내담자가 이미 자신 삶의 전문가라고 인정하는 학파가 있습니다. 저 역시 이 부분에 어느 정도 동의하지만, 진정한 전문가로 더 성장해 가려면 기록이 있어야 한다고 생각합니다. 직업적 전문가들, 성공한 이들의 증언에 따르면 기록은 전문성에 상당한 기여를 합니다. 저 또한 상담직에 있을 때 매일 했던 것이 기록이었습니다. 기록은 전문성을 완전히 보장해 주지는 않지만, 전문성을 기르기 위한 첫 단계이자 지속해야 할 실천 중의 하나입니다. 운동선수라면 체력 훈련이 가장 기본이 되듯이 말입니다.

4차 산업의 시대에는 행위 중독들이 힘을 발휘할 것이라 예상합니다. 감기에 대항하기 위해서는 체력을 관리하고 감기가 잘 걸리는 환경에 스스로 노출하는 것을 자제하듯이, 삶의 중요한 몇 가지 기록에 집중하고 이에 대해 사색하며 갱신해 나가는 것을 통해 유사 중독을 경계하고 나아가 기술의 혁신을 선용하며 누릴 수 있게 되기를 바랍니다.

여러분의 중요한 몇 가지 이야기는 무엇인가요?

핏 저널(F.I.T Journal)

목차

Period	Title	Category	Page

Title.

— <p align="center">**Story Pulse Graph**</p> +

F.I.T Comments

F.I.T Episodes

Period :

Title.

F.I.T Comments

Title.

—   **Story Pulse Graph**   +

F.I.T Comments

참고 문헌(가나다순)

- 김청송 저 (2016). 『(사례중심의) 이상심리학(DSM-5, 제2판)』. 수원: 싸이북스.

- 신정철 저 (2015). 『(하루 5분 나를 성장시키는) 메모 습관의 힘』. 서울: 토네이도.

- 이남인 저 (2014). 『현상학과 질적 연구: 응용현상학의 한 지평』. 파주: 한길사.

- 이지성 저 (2019). 『에이트, 인공지능에게 대체되지 않는 나를 만드는 법』. 서울: 차이정원.

- 이찬영 저 (2014). 『기록형 인간』. 서울: 매일경제신문사.

- 정도언 저 (2009). 『프로이트의 의자: 숨겨진 나와 마주하는 정신분석 이야기』. 서울: 인플루엔셜.

- 한병철 저. 김태환 역 (2012). 『피로사회』. 서울: 문학과지성사.

- 한병철 저. 김태환 역 (2014). 『투명사회』. 서울: 문학과지성사.

- Abby Smith Rumsey 저. 곽성혜 역 (2016). 『기억이 사라지는 시대』. 서울: 유노북스.

- Abraham H. Maslow (2012). 『A theory of human motivation』. Start Publishing LLC.

- Adam Alter 저. 홍지수 역 (2019). 『멈추지 못하는 사람들: 무엇이 당신을 끊임없이 확인하고 검색하게 만드는가』. 서울: 부키.

- Anissa Taun Rogers (2013). 『Human behavior in the social environment, 3rd Edtion』. Routledge.

- Anna Freud 저. 김건종 역 (2015). 『자아와 방어기제』. 파주: 열린책들.

- Anthony Storr 저. 이순영 역 (2011). 『고독의 위로』. 서울: 한국물가정보.

- Benjamin Franklin (2011). 『The autobiography of Benjamin Franklin』. digireads.com

Publishing.

- Cal Newport 저. 김태훈 역 (2019). 『디지털 미니멀리즘: 딥 워크를 뛰어넘는 삶의 원칙』. 서울: 세종서적.

- Charles Duhigg 저. 강주헌 역 (2012). 『습관의 힘: 반복되는 행동이 만드는 극적인 변화』. 파주: 웅진씽크빅.

- Craig Nakken 저. 오혜경 역 (2008). 『중독의 심리학: 숨겨진 욕망을 자극하는 치명적인 유혹』. 서울: 웅진씽크빅.

- Daniel J. Levitin 저. 김성훈 역 (2014). 『정리하는 뇌: 디지털 시대, 정보와 선택 과부하로 뒤엉킨 머릿속과 일상을 정리하는 기술』. 서울: 와이즈베리.

- Daniel Kahneman 저 (2012). 『생각에 관한 생각』. 파주: 김영사.

- Daniel Z. Lieberman, Michael E. Long 저. 최가영 역 (2019). 『(천재인가 미치광이인가) 도파민형 인간』. 서울: 쌤앤파커스.

- David Sax 저. 박상현, 이승연 역 (2017). 『아날로그의 반격』. 서울: 어크로스.

- Elizabeth M. Timberlake, Michaela L. Zajicek-Farber, Christine Anlauf Sabatino (2008). 『Generalist Social Work Practice, a strengths-based problem-solving approach』. Pearson.

- James Clear 저. 이한이 역 (2019). 『아주 작은 습관의 힘』. 서울: 비즈니스북스.

- Kory Kogon, Adam Merrill, Leena Rinne (2016). 『The 5 choices: The path to extraordinary productivity』. Franklin Covey Co..

- Martha Brenner (1994). 『Abe Lincoln's Hat』. Random House Children's books, a division of Random House LLC, a Penguin Random House Company.

- Maryanne Wolf 저. 전병근 역 (2019). 『다시, 책으로: 순간접속의 시대에 책을 읽는다는 것』. 서울: 어크로스.

- Max van manen (2003). 『Writing in the dark』. Routledge.

- Max van manen (2014). 『Phenomenology of Practice: Meaning-giving methods in phenomenological research and writing』. Left Coast Press Inc.

- Michael Harris 저. 김병화 역 (2018). 『잠시 혼자 있겠습니다』. 서울: 어크로스.

- Nicholas Carr 저. 최지향 역 (2011). 『생각하지 않는 사람들, 인터넷이 우리의 뇌 구조를 바꾸고 있다!』. 서울: 청림출판.

- Richard Watson 저. 이진원 역 (2011). 『퓨처 마인드: 디지털 문화와 함께 진화하는 생각의 미래』. 서울: 청림출판.

- Ryder Carroll 저. 최성옥 역 (2018). 『불렛저널』. 서울: 한빛비즈.

- Tim Ferriss 저. 박선령, 정지현 역 (2017). 『타이탄의 도구들, 1만 시간의 법칙을 깬 거인들의 61가지 전략』. 서울: 토네이도.

- Tony Reinke (2017). 『12 ways your phone is changing you』. Crossway.

- William Powers 저. 임현경 역 (2011). 『속도에서 깊이로』. 파주: 북이십일 21세기북스.

- William Treseder (2018). 『Reset: Building Purpose in the age of digital distraction』. Lioncrest Publishing.

- 齋藤孝 저. 김윤경 역 (2017). 『메모의 재발견』. 서울: 비즈니스북스.